高校体育经济发展科学探索

张亚东　著

中国商业出版社

图书在版编目（CIP）数据

高校体育经济发展科学探索 / 张亚东著. -- 北京 : 中国商业出版社, 2024. 12. -- ISBN 978-7-5208-3237-3

Ⅰ. G807.4

中国国家版本馆CIP数据核字第2024HR4126号

责任编辑：吴　倩

中国商业出版社出版发行
（www.zgsycb.com　100053　北京广安门内报国寺 1号）
总编室：010-63180647　编辑室：010-83128926
发行部：010-83120835/8286
新华书店经销
北京厚诚则铭印刷科技有限公司印刷
*
710 毫米 ×1000 毫米　16 开　9.75 印张　180 千字
2024 年 12月第 1 版　2024 年 12 月第 1 次印刷
定价：58.00 元

* * * *
（如有印装质量问题可更换）

前言

当前，全球体育经济展现出蓬勃发展趋势，各国间的体育交流以及体育文化的相互渗透和影响对经济全球化有着重要的意义。经过几十年的快速发展，我国体育经济成为国民经济中最具活力的新增长点。高校体育经济作为体育经济的重要组成部分，其发展对国民经济具有一定影响。高校体育经济的发展在体育设施、体育人才、体育培训与科研等多方面都具有明显的优势，这也为满足体育市场中人们强身健体、休闲娱乐等需求提供了条件，而人们体育消费需求的满足也正是高校体育经济进一步发展的机遇。对高校体育经济的研究有利于推动体育经济的整体发展，有利于帮助大学生树立理性的体育消费观念，有利于体育强国建设和全民身体素质的提升。同时，高校体育经济的研究也为当代高校体育经济的发展提供理论依据与实践指导，对于高校体育产业的多元化发展以及体育经济效益的提高具有重要意义。

本书在对体育经济基本理论、高校体育经济发展的现状与策略进行阐述分析的基础上，就高校体育教育对体育产业经济的影响及两者的协同发展进行了初步研究；对高校体育场馆经济与体育赛事经济的发展进行了科学探索，包括高校体育场馆社会化经营、场馆经济发展模式及其经济风险、高校体育赛事的商业化运作、体育赛事品牌塑造与发展、竞赛体系的优化创新等；结合当今数字经济时代特点，对体育产业的数字化转型、高校智慧体育服务体系建设、高校体育经济数字化人才培养等进行了创新性探索。

本书在编写过程中借鉴和参考了相关专家、学者的最新研究成果，在此表示衷心的感谢。另外，由于笔者水平有限，不妥之处恳请广大同行和读者指正。

张亚东

2024 年 8 月

目 录

第一章　导　论

第一节　体育经济

一、体育与经济

体育与经济是现代社会发展的两大主要因素，体育关系到社会主义精神文明建设，而经济的发展关系到社会主义物质文明建设。所以，体育与经济既有外部联系，又有相互交叉的内部联系。体育与经济的外部联系主要表现在两方面：一方面，经济是体育产生和发展的基础，体育是社会经济发展到一定阶段的产物。随着经济的发展而发展，经济发展水平的高低影响着体育发展水平的高低，而体育事业发展水平的高低也反映了社会经济发展的状况和水平；另一方面，体育事业对经济发展具有反向促进作用，是影响经济发展的一个重要因素。体育与经济的内部联系，是指体育与经济存在着相互交叉、相互渗透的关系。

体育与经济存在紧密的关系，并且体育在一定程度上反映了经济水平的发展情况。体育的发展需要有良好的基础设施，因为没有体育基础设施，就无法开展正常的体育活动，所以，体育的发展依赖经济的发展。只有经济发展水平提高了，投入体育基础设施建设的资金才会更多。同时，体育的发展对经济的发展又起着促进和推动作用。如何处理好体育与经济发展的关系，已成为我国特别是高校体育事业发展的重要课题。

二、体育经济的发展

（一）国外体育经济的发展

体育经济的发展是以体育事业与社会经济的共同发展为基础的，是体育的经济功能在社会发展中的重要体现。纵观整个体育经济发展史，不难发现，体育经济虽然形成于 19 世纪中叶，但直到 20 世纪 60 年代才开始进入迅速发展期。这不仅与社会体育事业的发展有关，而且与社会整体的经济发展有直接关系。

以英国为例，体育经济的迅速发展极大地促进了英国社会经济的发展，为其国民生产总值的提高作出了重要贡献。英国体育产业产值远远超过很多其他产业，如汽车制造业、烟草工业等的生产总值。体育经济的繁荣发展促进了体育产业的壮大，为社会提供了大量的就业机会。体育经济的迅速发展所带来的经济效益引起了英国政府的高度重视，使得体育产业及其发展所带动的其他产业的繁荣在英国国民经济中发挥着越来越重要的作用。

又如，意大利不仅拥有深厚的体育文化底蕴和广泛开展的体育运动项目，而且是体育经济高速发展的国家。在意大利的体育市场中，足球市场占据着重要地位，是体育产业的重要支柱。意大利足球市场涉及的范围较广，几乎涵盖了所有与足球相关的项目，如观看足球比赛的门票、足球赛事的广告、电视转播、足球彩票和足球俱乐部产品的营销及职业运动员交易等，是一个高度综合、复合型的成熟产业。

从英国、意大利等国家的体育经济发展状况中不难看出，体育经济已经在这些国家的经济发展中占据重要地位。作为具有很大发展潜力的新兴朝阳产业，体育产业不仅为社会带来了巨大的经济效益，而且带动了相关产业的发展，为社会提供了大量的就业岗位，促进了国家的经济发展和对外交流。由此可见，体育经济已经成为现代社会经济中重要的组成部分，其高就业、高效益、高增值的特点使其在世界各国经济中发挥着不可替代的作用，在经济全球化不断加深发展的 21 世纪，体育经济的发展必将会取得更加令人瞩目的成就。

（二）我国体育经济的发展

我国体育经济虽然起步较晚，但发展迅速，这主要受我国政治、经济、文化的影响。在我国，体育的发展受国家经济整体发展水平的制约，主要依靠国家财政拨款维持，没有很好地发挥其自身的经济功能。改革开放以来，随着国家经济制度的改革和对外开放政策的施行，我国的体育事业得到飞速发展，其蕴含的经济功能越来越被人们重视。我国体育经济的发展历程大体可分为以下三个阶段。

1. 体育经济市场化探索阶段

这一阶段从 1979 年至 1991 年，我国制定了体育社会化发展的政策。自此，我国体育事业开始走向社会并逐渐与市场经济相结合，开始了最初的体育经济活动，如体育场馆的租赁、土地使用权转让、兴办体育公司等。然而，这一时期的体育经济活动只是作为推动经济发展的辅助手段，并未引起社会各界的重视。受益于政策的导向作用和改革开放后多元文化的交流，以及世界体育文化广泛传播的影响，我国的体育用品产业在这一时期得到较好的发展，比如在广东、福建等沿海地区，产生了一批体育服装、运动鞋、运动饮料等体育用品生产企业。虽然这些企业规模还不大，产品技术含量也偏低，但给我国体育经济的发展带来了曙光，为其发展高峰奠定了基础。

2. 体育经济快速发展、体育产业立体化开发阶段

这一阶段从 1992 年至 1996 年。经过前面十多年的艰苦探索，党的十四大以后，我国体育经济开始面向市场，确定了以产业化为目标的发展方向。为了确保体育经济以产业化为目标的发展方向，我国出台了相关政策加以大力扶持。例如，为了带动我国足球产业的发展，当时的国家体委进行了大刀阔斧的机构改革，将足球作为重点改革项目并将其推向市场，不断推进足球协会的实体化进程，同时将足球运动队按照国外职业俱乐部的模式进行组建，使其成为自主经营、自负盈亏的市场主体，具有较大的独立性。此外，国家还出台了相关的政策和法律法规以保障体育经济的快速发展。同时，为了推动体育经济的快速发展，我国对外开放了体育竞赛市场，成立了体育基金，发行了中国体育彩票等。在这一阶段，我国的体育经济得到了快速发展，体育产业开始走向立体化的产业开发道路并逐渐实现其独立性与自主性，体育文化也得到了广泛传播，国民对体育的认识逐渐加深，体育消费观念逐渐形成，为下一阶段体育经济发展高峰的到来打下了坚实的基础。

3. 体育产业不断壮大、体育消费多元化，体育经济发展进入新阶段

1997 年至今，我国的体育产业不断发展壮大。随着“中体产业”公司股票在上海证券交易所成功上市，我国体育经济的发展进入新阶段。在这一时期，社会生产力得到进一步解放，经济高速发展，人们的物质生活水平显著提高，体育文化得到大范围的普及和广泛的传播，人们的体育意识不断增强，体育消费观念也日趋成熟并朝着多元化的方向发展。此外，国家也加大了对体育产业的扶持力度，形成以市场调节为主的运行机制。

目前，随着我国体育经济的不断发展和繁荣，体育产业不断扩大，涉及体育活动及社会生活的方方面面，如体育赛事、体育健身娱乐、体育用

品、体育保险、体育经纪及体育博彩等。在这一阶段，我国体育经济取得了前所未有的高速发展，并随着经济全球化程度的不断加深开始走出国门，走向世界舞台，为我国社会经济的发展作出了重要贡献。

(三) 体育经济的发展特点

1. 体育经济活动不断规范化

体育经济在发展过程中，为适应市场的需求，不断完善自身的机制，逐渐形成了有组织、有规律的规范化发展模式。比如在体育竞赛中，无论是知名的国际体育赛事还是国内一般的体育竞赛，都离不开赛前严密的组织与规划，并通过多个体育部门的沟通、协调和合作来完成体育赛事，为社会提供符合民众体育消费需求的综合型体育服务。对普通民众来说，他们只需花费一定的费用（如购买门票）就可以满足体育消费需求；但对体育经济活动的管理人员来说，则需要考虑更多方面，如服务的成本问题、收益问题、具体的服务管理等，因此，人们需要体育经济活动的规范化。体育经济活动的规范化发展有利于体育赛事活动的顺利进行，对于体育经济的全球化和大众化具有很好的推动作用，能促进体育经济更快、更好地发展。

2. 体育经济活动可持续化

目前，体育经济活动得到空前发展，并以每年较高的比例持续稳定地增长，不仅获得了巨大的经济效益，还促使体育文化得以广泛传播。经济的增长、人民生活水平的提高提升了人们的整体消费水平。随着体育文化的广泛传播，体育健身、休闲娱乐逐渐成为人们日常生活中不可替代的一部分，这些都为体育经济活动的可持续发展提供了良好的条件。除此之外，由于现代城市生活节奏不断加快和生活压力增大，人们的健康意识普遍增强，民众更加关注身心健康，开始寻求一种既能缓解压力又能锻炼身心的活动。体育活动由于其自身的特殊功能自然而然地承担了这一任务，把体育经济活动与人们的身心健康紧密地联系起来，更有利于体育经济活动的可持续化发展。

3. 体育经济活动全球化

21 世纪不仅是经济全球化的时代，更是体育经济走出国门、走向世界的时代，目前体育经济活动已经突破国家和地域的限制，发展成为一种全球性的经济活动。随着科技的进步，观看体育比赛的方式得到了较大改善，人们已不再像过去一样受时间、空间的限制，而是可以在世界各地或者足不出户就能观看世界顶级的体育比赛。此外，随着体育经济的全球化发展，体育经济活动不仅加深了经济全球化的程度，而且促进了世界各国文化交流，增进了世界各国人民的友谊，反过来又为体育经济的全球化发展创造了良好的国际条件。

三、体育经济与体育产业

体育经济的快速发展势必带来体育产业的壮大，在一些西方国家，体育产业已经成为国民经济的重要支柱，所占的比重远远超过了石油化工、汽车制造等产业，在国民产业中占据着重要地位。

体育经济功能的实现是以体育产业化为标志的，而体育产业化的实质建立在体育运动规律及社会经济规律的基础上，通过体育与经济的结合，最大限度地开发体育的经济功能，以实现体育与经济的共同发展和良性循环。在实际经济活动中，体育经济给社会带来了巨大收益，远远超出社会对其所进行的经济投入，而且体育经济在带动社会经济和体育事业发展的同时，还实现了体育本身的特殊功能，满足了人们对身心健康、休闲娱乐的消费需求，充分发挥了体育的社会功能。

从产业属性来看，体育产业属于第三产业，是以体育服务为主要产品的产业，然而在实际发展过程中，产业之间会有不同程度的交叉和渗透。因此，体育产业可粗略地分为三个类别：一是主体产业，主要是以实现体育自身的经济功能和经济价值为目的的体育经营活动；二是体育关联产业，由于体育产业具有较强的关联性，因此，这一类体育产业以为体育服务产品提供相应的支持和保障为主；三是政府体育部门开展的产业，主要对体育事业发展过程中各类经营活动起推动和补充作用。

对体育经济现状的研究离不开对体育产业的研究，目前主要体育产业包括以下几种。

(1) 体育用品业及健身娱乐业。体育用品业及健身娱乐业是体育产业的主体类别。其中，体育用品业主要指体育服装、运动鞋、体育器材等用品的生产和销售行业。而健身娱乐业则主要指为消费者提供健身、娱乐等需要的场地、器材、技术服务的行业。经济的发展和人们生活水平的提高，尤其是大众体育的兴起，极大地刺激了人们的体育消费需求，人们开始关注自身的健康和身心的放松，而体育所具有的锻炼身心、休闲娱乐功能使其成为人们的最佳选择。目前，体育健身娱乐已经成为国际体育发展的大趋势，体育健身娱乐市场成为各国体育产业发展所面临的最大机遇与挑战，由此带动的体育经济的发展也将取得更大的成就。

(2) 体育竞赛转播与体育广告业。随着科技的进步和信息技术的发展，体育与大众传媒的关系日益密切，体育竞赛强大的吸引力与大众传媒极广的辐射力，使各大企业竞相争夺在体育竞赛转播过程中插播广告的权利。由于体育竞赛自身大量的受众和大众传媒极强的传播力，企业对体育竞赛转播权的争夺日益激烈，这使得体育竞赛电视转播权的经济价值日益凸显，其所带来的投资收益日益增加。此外，利用体育赛事和国际知名运动员宣传自己的产品逐渐成为各大企业的主要选择，利用名人效应提高自己产品的知名度、提升自己的企业形象已经成为各大企业的普遍做法。于是，体育广告业便成为最佳的选择，不仅可以达到“以体促销，以销助体”的目的，而且可以实现企业和运动员的互利共赢。

(3) 体育博彩业。体育经济的发展促进了体育博彩业的发展。体育博彩业是指以发行体育彩票、赛马博彩、赛车博彩等为主要内容的体育产业，目前已成为许多国家用来发展体育事业、吸收社会资源以及增加政府税收的有效途径。体育竞赛的竞争性和比赛结果的不确定性，使得体育博彩业在具有极大吸引力的同时也面临着不可预知的风险。于是，成本低、风险小且收益高的体育彩票业便成为体育博彩业中的不二之选，并得到了迅速发展。目前，发行体育彩票的国家已达到一百多个，其中意大利、美国、英国等国已把发行体育彩票作为扶持体育事业发展的重要途径。

(4) 体育保险业。随着体育运动日渐成为人们生活中不可或缺的组成部分，以及人们保险意识的提高，体育保险业在体育经济的发展中也开始崭露头角，并逐渐发展成为体育产业中的重要组成部分。体育保险业涉及的内容丰富，形式多种多样，几乎涵盖了体育运动的所有方面，如医疗保险、灾害补助以及专门的体育保险等。体育保险不仅为进行体育运动的人群提供了重要保障，而且完善了全民体育体系，为体育事业和保险事业的共同发展作出了重要贡献。

四、体育经济的功能与价值

体育经济是社会经济的一部分，在社会发展中具有重要的功能与价值。它不仅促进了经济的发展，而且对体育文化的广泛传播有着积极的影响，尤其在经济全球化和文化多元化的今天，体育经济的功能与价值更为明显，主要表现在以下几个方面。

（一）提高生活水平，带动经济整体发展

随着人们物质生活水平的提高和体育产业的繁荣发展，人们的消费观念也发生了改变，休闲娱乐的消费开始在民众的业余消费中占据主导地位，而体育活动作为人们业余生活中必不可少的一部分，自然承担起了作

为娱乐消费品的责任。一方面，体育经济刺激体育消费需求的增长，改变了人们的消费结构。另一方面，体育的经济化、商业化又促使体育活动成为可消费的商品。体育活动在具备自身所特有的强身健体、休闲娱乐功能的同时，又将这些功能充分地开发和利用，通过精心包装和设计，使其更具观赏性和娱乐性，进而成为满足大众体育消费需求的体育商品，而人们也在对其进行消费时获得身心的满足和放松。对体育消费需求的增长，使人们不再满足于简单的衣、食、住、行，而是向着更高层次的消费需求发展，同时体育本身所具有的强身健体、利于身心发展的功能也使人们的综合素质得到提升，从而提高了人们的生活质量。此外，人们体育消费需求的增加，加快了货币回笼的速度，进而促进了市场的稳定和繁荣，为经济发展创造了良好的市场条件。

体育经济的发展极大地带动了相关产业的发展，促进了社会经济的发展。体育产业虽然是一个新兴的朝阳产业，但具有极强的关联带动能力，不仅带动了与之相关的物质生产领域的发展，如运动服装、运动鞋、体育器材等相关产业，而且极大地推动了服务产业的发展，如大型体育场馆的租赁以及体育俱乐部经营、健身馆服务等。体育产业虽然是一个独立的产业部门，但其生存和发展离不开其他产业的支持，其自身的兴盛与发展也为其他产业的发展带来良好的契机和发展条件，两者互利共赢，相互促进，共同推动着社会经济的发展。

体育经济的蓬勃发展必然会取得巨大的经济效益，如体育比赛中的体育设施、场地、电视转播等带来的直接性经济效益，在奥运会等大型赛事活动举办过程中获得的各种间接性经济效益以及由体育广告、体育福利彩票等带来的衍生性经济效益等。

（二）促进文化的交流与进步

有体育就必然有文化，文化是体育发展的深厚底蕴和基础。体育经济的发展离不开体育文化的传播与发展。体育经济既是体育文化广泛传播的体现，又是经济在体育文化背景下发展的必然结果。尤其是随着体育经济的全球化趋势不断加强，各国的文化交流将更频繁，这对文化在全球范围内的交流与进步有着重要促进作用。第一，体育经济的产生和发展与文化有着极为紧密的联系，主要体现在两方面：一方面，体育经济的内容及过程无不与文化有着密切接触；另一方面，体育活动是动态的，在其进程中必然伴随着不同文化的交流与碰撞。因此，随着体育活动在全球范围内的兴起，不同的国家及民族拥有了良好的空间和条件进行广泛的文化交流。第二，体育经济的发展使民族文化的个性色彩更为突出。在体育运动中，各民族文化得到全面而深刻的展示，并与其他民族文化发生交流和碰撞，必然有选择和淘汰，从而使得自身文化中的精髓得到检验、锤炼，进而保留并发扬光大，使其民族特性更为突出。第三，通过体育活动了解其他国家和民族是文化交流的重要途径。体育经济的全球化发展及文化多元性的进一步加强，使人们具有广阔的视野和开放的意识，尤其是随着人们国际观念的形成，在增强人们对经济改革与发展的紧迫感的同时，体育活动也加深了各国人民之间的了解，增强了国与国、民族与民族之间的文化交流。

（三）为社会创造更多的就业机会

体育经济的发展促进了体育产业的繁荣发展，体育产业的繁荣发展又为社会创造了更多的就业机会，提供了大量的就业岗位，缓解了社会就业压力。作为服务业，体育产业需要大量的人力资本提供服务，而且在体育产业中，许多服务项目是不能用现代化技术手段取代人工服务的。此外，由于体育产业具有极强的带动性，在自身迅速发展的同时，相关产业的发展也得到了大幅提升，这需要更多的人力资本为其服务，在无形中创造了更多的就业机会，为社会提供了大量的就业岗位。

第一，随着人们体育消费需求的增加，体育产品的消费数量也不断攀升。体育产品的生产一般为劳动密集型生产，需要大量的人力劳动，如运动服装、运动鞋、体育器材等的生产不仅需要一定的机器设备，更需要大量的人力。这为社会上的剩余劳动力提供了大量的就业机会，缓解了社会的就业压力。

第二，体育产品不仅包括有形的物质产品，还包括无形的服务产品，如提供体育赛事观赏、体育俱乐部及健身俱乐部的服务等，这些不同于一般的物质产品的生产，更需要有专业知识和技能的人才。体育服务产业的兴盛恰恰为此类人才创造了就业机会，也有利于体育专门人才的培养。此外，体育经济管理部门也同样需要既具有专业的体育知识又深谙经济规律的高素质综合型管理人才，这些岗位的需求弥补了高校体育人才就业面狭窄的问题，提高了人才的利用率，创造了更多的就业机会。

（四）加快城市化进程

体育经济的发展促进了社会经济全面、快速的发展，在一定程度上加快了城市化的进程。城市化是指随着国家或地区社会生产力的提高、科学技术的进步以及产业结构的调整，其社会由以农业为主的传统乡村型向以工业和服务业为主的现代城市型社会转变。随着科技进步和经济发展，城市化进程不断加快，尤其是随着体育经济的繁荣，城市化进程得到了进一步提高。

第一，体育经济的发展促进了公益事业和市政建设的发展。众所周知，体育经济的发展离不开体育的发展，而体育的发展则需要一系列与之配套的体育设施和服务，如市政建设、体育场馆的建设、高水平的配套服务等，而这些设施的不断完善提升了城市的形象，促进了市政建设，在很大程度上加快了城市化的进程。

第二，体育赛事大大提升了城市形象。随着体育经济的发展，体育文化和体育活动也得到了广泛的传播，尤其是随着奥运文化在全球的大范围传播，大型的体育赛事越来越被人们所关注。相关研究表明，体育赛事不仅能打造和提升城市形象、展现城市活力、丰富城市结构，还能对城市进行扩容，加快城市化的速度。例如，奥运会的成功举办，使蒙特利尔、莫斯科、洛杉矶等城市迅速扩容，国际地位迅速得到提升。又如，我国广州天河体育中心位于广州市的郊区，该区域经济发展落后，人烟稀少，极为荒凉，然而由于全运会的成功举办，其成为广州市经济最活跃的地区之一。

五、我国体育经济发展的基本策略

（一）深化改革，加强政策扶植

根据我国的国情和经济发展水平，政府要对体育的市场化进行合理的顶层设计，深化改革和加大政策的扶植力度。首先，政府要合理设计体育市场化路线，使传统体育制度逐渐向市场化转变。具体操作可由国家和企业共同协作来完成，如在费用上，可将以前的国家全额拨款转向差额拨款，将国家计划差额预算交由企业完成。尤其在体育的宣传、推广费用上，要开辟出多种资金来源，由国家完成一部分，剩下的由企业投资、赞助和通过其他社会渠道获得，这样更有利于我国体育经济产业的发展。其次，政府要加大政策的扶植力度，制定与体育投资相关的各种法律规范，确保体育投资者合理、合法的利益，以推动体育经济的发展。

（二）优化体育产业结构，提高市场竞争力

我国体育产业结构不合理，缺乏市场竞争力，制约了体育经济的发展，因此，国家要不断优化体育产业结构，提高市场竞争力，这不仅是提高体育产业效益和发展水平的重要途径，更是推动体育经济快速增长的强有力手段。

(三) 增强体育消费，带动体育经济增长

首先，我国要增强人民群众的体育文化底蕴，提高人民群众的体育消费意识。随着我国经济的发展，人们的生活水平得到了飞速提升，然而在具体消费中，人们仍是以衣、食、住、行为主，对健康的投入相对有限。所以要从根本上培育我国的体育消费市场，要改变我国人民群众的消费观念，提高人民群众的体育消费意识。因此，政府相关部门和社会舆论媒体要做好宣传和普及工作，提倡科学、健康的健身理念，使体育观念深入人心，进而激发起人们的消费需求，触发其消费行为。

第二节　高校体育与市场经济

一、高校体育的市场化发展

我国高校体育在经历很长一段时期的发展之后，目前已呈现出市场化的特点。改革开放以来，我国确立了社会主义市场经济体制，体育事业的发展开始走向市场化，这在很大程度上拓宽了体育的发展空间。党的十八大以来，我国确立了市场在资源配置中的决定性作用，使得体育事业的发展再一次获得了新的发展机遇。体育事业的整体市场化发展，给我国高校体育产业的发展提供了良好的条件。高校体育属于体育产业的一部分，因此，体育事业的发展对高校体育的发展产生一定的影响。

在市场经济环境下，高校体育的发展方式要打破传统，跳出原来的思维模式，根据市场经济的发展规律和体育运动发展的特征及规律，利用高校庞大的资源优势，借助市场经济体制，最大限度地促进高校体育的发展。高校体育要积极地参与市场经济活动，这是高校体育走向市场化的必由之路。高校体育拥有很多无形的资源，但由于高校是以教学为主要目的，没有对这些资源进行很好的开发和利用，这些资源没有转化为经济效益。

很长一段时间内，我国在高校体育建设方面投入的资金不足。高校以育人为目的，体育在高校教育中占有重要的地位。高校体育教学主要目的是增强学生的身体素质，同其他课程相结合，共同促进学生的全面发展。当前，我国的高校体育建设必须根据自身的特点，自力更生，自谋发展。所以，高校体育的市场化是非常必要的。高校体育面向市场有三个方面的作用：第一，有利于继续深化我国的改革开放，并且能够进一步解决我国高校教育面临的深层次问题，也有助于我国教育的进一步改革，同时有利

于加快我国社会主义市场经济的发展和市场经济体制的完善；第二，有助于帮助高校体育经营进行合理的资源配置和使用，实现高校体育经济的快速发展；第三，有助于高校体育发挥其自身的优势和功能，能够给高校带来经济效益，弥补经费不足，并且使得高校建设快速地发展，同时满足社会大众的体育消费需求，有利于提高人们的身体健康水平。

二、高校体育教育的理念

在社会主义市场经济体制下，高校体育教育中的思想观念、思维方式、教育方法的不断更新和改革，对于青年学生人格的养成起着积极作用。体育对培养青年学生自我意识，引导青年学生健康积极的生活态度和行为方式，增强青年学生的社会适应性，满足青年学生参与社会生活的需要，使学校体育为社会主义事业服务，为培养优秀人才服务，具有一定的理论和实践意义。

（一）人才的培养

社会主义市场经济体制的建立和完善，需要人们从思想观念、思维方法、行为方式逐渐适应这一历史性改革的发展趋势，从不同视角、不同方位去深刻理解和勇于实践其发展的必然规律。高校体育教育必须为社会主义事业服务，为培养优秀人才服务。

高校体育教育要为社会主义事业服务，就要培养社会主义市场经济所需要的优秀人才。体育活动中的各种公正、严肃的竞赛原则，是人类理想的人际关系、社会公德的反映，是社会法规和人类共同活动的缩影。因此，学校体育教育的各种竞赛活动，都是一种良好的社会适应性学习过程。

在高校体育教育中，教师利用新生入学第一课和期末结束课及毕业班结束体育课，对学生进行人生、前途及理想的教育，鼓励学生追求美好的事物和生活，树立正确的价值观和远大的理想，让学生懂得美好的理想能够使他们活得高尚、活得愉快而有意义。这是教书育人和高校体育教育的理论基础和理论依据。

（二）优秀体育教育者的素质培养

在社会主义市场经济下，高校教育改革的重要标志是诚实敬业的优秀教师的政治素质和业务素质提升。

社会主义市场经济下优秀教师的政治素质必须用马克思主义及其中国化创新理论武装头脑，树立为社会主义事业服务的观念，有时代的紧迫感、责任感和奉献精神，有敬业精神，认真做好本职工作。社会主义市场经济下优秀体育教师的业务素质表现为德才兼备、多才多艺、学识渊博，运动技能、技术精湛，具有指导学生全方位发展的能力和相应的智力结构以及具有较高的教学艺术水平。体育教师只有不断了解本专业的前沿课题，提高专业水平，及时把握本领域的新发展，用最先进的技术和知识武装自己，才能适应社会的发展变化，才能让学生感到从教师身上总有学不完的东西。教师的个人影响作用，直接感召学生进取奋发的生活态度。所以，具有较高业务素质的优秀教师，会起到言传和身教的双重育人作用。

优秀体育教师的业务素质还表现为能够面向实际，了解社会，了解当代大学生的心理趋向和生活特点，能深入生活，根据实际需要调整和补充自己原有知识结构，使教学工作做到有针对性，使学生能够学以致用，增强实际操作能力。由此可见，优秀的体育教师是培养出优秀的学生的先决条件。因此，学校教育改革和发展的关键点之一是学校拥有高水平、高素质的优秀体育教师。

三、高校体育产业在市场经济环境下的发展

在市场经济条件下，高校体育必须走改革开放之路，通过市场经济杠杆，启动高校体育的大轮，不仅要面对在校的师生员工，而且要面向社会广大群众，这样才能够跟上时代的步伐，适应社会的需要，才会更有发展的前途。

（一）更新观念，奋发图强

“强国必先强民，强民必先强体。”国民具有强健的体魄，是保家卫国抵御外敌、适应现代高科技发展、国家独立富强、民族繁荣昌盛的根本。只有人民的体质强健了，国家才能产生精兵强将，人民才能保卫祖国，才能够承担高强度的劳动负荷，才能有敏锐的思维去理解新科学知识，才能有旺盛的精力去掌握现代科学技术。要提高人口素质，只有先强其身，才能强其心。从人口素质角度来看，高校是培养人才的基地，所以高校体育不再是单纯的消费事业，而是培养人才的一个组成部分，我们也可称其为一种手段，所以体育是孕育生产于消费之中的事业。学校领导、体育工作者、广大学生要把体育是消费事业的观点，变成生产的观念，要充分利用场馆、技术、人才的优势，扩大再生产。在市场经济的浪潮中，高校体育产业一定能走出一条新路，开创一个新的局面。前途是光明的，道路是曲折的，只要善于运用市场经济的规律，高校体育产业一定会取得丰硕的成果。

（二）积极开展体育实践，发挥高校体育的作用

在改革的浪潮中，高校应积极开展体育实践，发挥高校体育经济的作用。首先，高校要面向校内的广大师生员工，开展各项有益的体育活动，使之明确锻炼身体的意义和价值，开发一些有偿服务项目。同时，高校还要面向社会的广大群众，走出办公室，走向社会，将自发、有意参加体育活动而又苦于没有条件的群众组织起来，帮助他们解决器材场地的问题，在技术上进行指导和辅导，开展各种类型的活动，实行有偿服务，收取合理的报酬，广大群众一定乐于接受。其次，高校要掌握信息，把握社会动向，了解并迎合群众的需求，做到有的放矢。不同群体有自身的发展需求，高校要收集各种信息，结合当时、当地的实情综合处理。最后，高校也要具有创新精神，把握人们追新求异的心理特点。高校体育产业要不断地开发新项目，更换新设备，以吸引人们的参与。高校体育产业要想在当今的市场经济环境中站稳脚跟，就必须走向集团化，高校要积极走出校园，主动拥抱资本，同有关企业、部门合作创业，这样才能具有足够的经济实力扩展业务，参与竞争。

（三）利用市场经济规律来指导高校体育产业的开发

市场经济中竞争的规律就是提高产品质量，降低生产成本，积极参与竞争。高校体育产业既有技术优势，又有场地器材的潜力，只要将两者的优势充分发挥出来，其经济效益就会有长足发展。当今老年人急需运动保健常识和延年益寿的方法，工人、农民需要医疗体育和运动保健技术来促进生产，青年人需要强健体魄，拥有自卫防身技术等，这一切为高校体育产业提供了广阔的舞台。因而，高校体育产业就要用市场经济手段来占领这一舞台，去宣传、组织群众，开办各种各样的学习班、活动中心等。

总之，高校体育以自身的优势为广大师生员工、为社会、为市场开创了体育产业，学校获得了一定的经济效益，这就是高校体育产业与市场经济的关系。只要遵循市场经济的规律，处理好两者之间的关系，高校体育产业就能走出经济困境，蓬勃发展。

第三节　高校体育经济的发展趋势与研究意义

一、高校体育经济的发展趋势分析与展望

体育经济在国民经济中所占的比重越来越大，也越来越受到人们的关

注，其所关联的体育产业覆盖社会生活的方方面面，在此背景下，高校体育经济也得到了良好的发展。尤其在经济与信息全球化、文化多元化的21世纪，高校体育经济所呈现的发展趋势值得我们关注，其发展前景更需要我们去展望，这对高校体育经济健康、稳步发展具有重要意义。

（一）借力经济全球化趋势加速高校体育经济发展

21世纪不仅是信息化的时代，更是经济全球化的时代，社会生产力的高度发展、社会分工的不断完善以及科技飞速发展、经济全球一体、国际贸易的自由化等为经济全球化时代的到来提供了强劲的动力。具体来说，它是商品、技术、信息、货币等生产要素跨越国界和地区的流动。首先，经济全球化有利于我国引进世界先进的管理理念和科学技术，加快我国工业化进程，优化产业结构，促进与世界的经济交流。其次，经济全球化有利于我国参与国际分工的大环境，发挥我国特有的人力资源和物力资源优势，更好地拓展海外市场。最后，经济全球化可以给我国带来高新技术的创新与革命，有利于我国发展高新产业，实现经济的跨越式发展。在经济全球化的带动下，我国体育经济取得飞速发展，逐渐与国际体育经济接轨，不断地交流、碰撞、融合。与此同时，作为体育经济的组成部分，我国的高校体育经济在未来的发展中也将呈现出全球化不断增强的发展趋势。

高校体育经济的发展离不开大量资源的投入。无论是硬件设施、场地的投入，还是培训服务、教育资源等软实力的投入，高校作为投入的主体都占据着重要地位。随着信息化时代的到来和现代教育理念的发展，不仅国内高校联系得更为紧密，国际高校的互动和交流也变得更为频繁和活跃，它们共享各种信息和教育资源，互相访问和对话交流，甚至通过信息平台的搭建和国际高校的友好合作完成高校体育硬件资源和软件资源的共享，这些都为高校体育经济全球化的发展提供了良好的条件。例如，在体育赛事上，通过互联网的传播和新媒体技术的应用，国际高校体育联赛的传播得以实现，通过国家的政策扶植和企业的积极参与，各种体育产品得到更好的推广和宣传，所引发的不仅是一个国家范围内的体育消费行为，更是全球范围内的体育消费行为，由此带来的经济效益也将更为可观。

随着我国体育事业和经济的高速发展，结合自身所具有的独特优势和得天独厚的发展条件，我国的高校体育经济在未来国际化大背景下将会取得更好的发展，不断增强的经济全球化趋势更是会为其发展提供良好的助力。

（二）体育产业呈现多元化发展

体育经济的发展必然带动体育产业的发展，而体育产业的飞速发展也为体育经济提供了强有力的支撑。体育产业是体育经济市场化的必然产物，而体育的社会化、产业化、经济化也是体育产业长远发展的必然途径，两者相互依存、相互促进。我国的体育产业虽然起步较晚，但发展迅速，规模也在不断扩大，尤其在经济全球化的大背景下，正不断地寻找自身的突破点。目前，我国的体育产业已不再仅仅局限于体育事业本身，而是将触角延伸至社会生产的各个领域，带动相关产业的协同发展，呈现多元化发展的趋势。

在过去，我国的体育产品结构比较单一，多集中在体育服装、运动鞋、体育器械等有形的产品上，而对体育无形资产的开发和利用缺乏足够的重视。然而，随着科技的进步、经济的发展和我国国民体育消费意识的提高，我国的体育产业多元化趋势明显增强。例如，目前体育彩票行业的繁荣、体育场馆的运营、高校体育培训服务系统的建立、高校体育俱乐部及赛事的发展等，都是体育产业多元化发展的结果。

此外，高校拥有先进的教育资源和设施，在体育教育、体育经济等理念的研究以及开发各种体育产品等方面拥有良好的基础，通过和企业合作，搭建良好的经济互动平台，不断开拓体育产业，将会为高校体育经济的发展带来新的机遇。

（三）商业化程度不断加深

随着高校体育经济的不断发展和完善，其商业化运作手段日渐成熟，商业化运营已成为促进高校体育经济发展的重要手段。在未来的发展中，高校体育经济将会进一步呈现出商业化程度不断加深的趋势。高校体育经济的商业化程度间接地反映了我国体育经济的发展水平，在 21 世纪的今天，越来越成熟的商业化运作手段和运营模式为体育经济注入了新的生机和活力，为我国体育经济的发展提供了有力保障。尽管我国的体育产品还未像国外体育产品那样形成强有力的市场竞争态势，但根据目前我国体育经济高速发展和高校体育经济全球化、产业多元化的趋势判断，相信在不久的将来，我国的高校体育产品在市场份额上将会有很大的提升。

此外，从我国体育经济的发展规模和速度来看，高校体育经济已经开始跨越产业的限制，显示出良好的规模效益和示范作用。目前，高校体育经济有着向全产业化和多领域发展的趋势，与其相关联的周边产业也得到了快速的发展，不仅满足了自身发展的需要，更带动了体育经济整体的发展。因此，随着高校体育经济商业化程度的不断加深，其所带动的周边产业的发展也将成为高校体育经济发展的强大助力。

二、高校体育经济的研究意义

(一) 高校体育经济的研究有利于推动体育经济的整体发展

高校体育经济是体育经济的重要构成部分，并伴随体育经济的形成与发展而逐渐形成，其发展与体育经济的发展是融合进行的。因此，对高校体育经济的研究有利于推动体育经济的整体发展。对比发现，高校体育经济在体育设施资源与体育科研氛围方面有着独特的优势。

首先，我国高校具有很健全的体育设施，这是发展高校体育经济最大的优势。我国高等院校数量庞大，拥有健全的设备与器材，每所高校都有功能丰富的体育场馆，在满足平时的教学和学生课外的锻炼之外，完全可以将体育场馆对外开放，满足全民健身的需求，既不浪费资源，还能够发展高校的体育经济。高校体育教师都是体育知识和技能十分丰富的人才，而且拥有比较完整的教学理念，会在授课时将这些优秀的知识传授给学生，而学生可以和参与体育训练的社会人员一起进行探讨，发挥他们各自的特长，指导社会人员积极参与并使用正确的方法健身，以此促进高校体育经济的发展。

其次，国家非常支持高校科学研究，每年投入大量资金，使得高校拥有浓厚的体育科研氛围、大批的体育科研人员、良好的学术基础、先进的科技设备。在体育研究方面，高校取得的体育研究成果也有很多，能够直接促进高校的体育经济发展，将体育科技信息市场推向一定的高度。这些科研成果也可以作为最新的技术，第一时间应用到高校体育产业中。同时，高校对体育经济的建设需要解放思想，不断创新，需要加强与其他相关单位的交流与共享，定期互相交换新成果，这样才能促进高校体育经济的持续发展。

(二) 高校体育经济的研究对大学生体育消费产生影响

1. 有利于帮助大学生树立理性的体育消费观念

高校体育经济与高校体育教育关系密切。在高校体育教育工作开展过程中，大学生的体育消费观念会受到诸多因素的影响。高校在体育课程的教学内容设置以及教师的教学课堂上，都要给大学生安排关于体育技能、体育健康以及体育经济等方面的专业知识，在培养大学生体育兴趣和爱好的同时，加强对大学生体育消费意识的培养，有利于促使大学生形成新的体育消费理念和思想。高校开展体育教育还包括其他不同形式，如体育竞赛、体育讲座以及体育活动等，教育内容的丰富性和实践性促使大学生主动地去学习体育相关知识，从而意识到体育消费在消费活动中所具有的重要价值。由此可见，高校体育教育的有效开展，一方面能够使大学生树立起正确且健康的体育消费观念，让大学生在消费时能够保持足够的理性；另一方面，通过挖掘、培养以及增强大学生体育消费意识，可以推动我国体育产业经济的发展，同时逐步实现体育产业可持续发展。

2. 有利于激发大学生的体育消费需求动机

首先，在平常的体育课堂上，为了使自己在进行体育锻炼时能够舒适和自在，大部分学生会选择更换运动服装和运动鞋。从另外一个角度来看，学生购买这些运动装备在一定程度上推动了体育产业经济的发展。其次，教师在教学过程中会介绍和讲解一些常见且易进行的球类运动，如篮球、羽毛球、乒乓球等；学生除了在学校内的体育馆以及专门场地进行运动外，其中一部分逐步对球类运动产生浓厚兴趣的学生也会购买相应的体育产品，在闲暇时间约上三两好友组队到校外一些需要交费的体育场馆进行训练，少部分学生还会选择自费报名一些专业技能的培训班，或者购买门票去观看一些体育竞赛等。这些对体育产品产业、体育培训产业和体育比赛产业的发展都起到了一定的推动作用。由此可见，高校体育教育的有效开展可以在很大程度上激发学生产生体育消费需求的动机，进而有力地促进体育产业经济的发展。

3. 有利于把握大学生体育消费能力的变化

大学生体育消费能力需通过高校体育教育这一活动来产生。在这个受教育的过程中，大学生对体育事业的热爱会不断增加，他们对体育相关的消费意识也会不自觉地培养起来，进而影响他们的体育消费能力。这种能力并不需要单独地展开教育。在高校教育体系中，高校体育教师在进行专业知识传授时，引导和帮助学生树立良好的消费观念，利用科学合理的教学方式使学生去接触各种不同的新的体育项目，引起学生的好奇心，促使学生进一步去了解和学习这些关于体育方面的新事物，从而提升学生对体育消费方面的需求，改变学生的消费偏好结构，让学生能够有意识地去主动选择体育消费。由此可见，高校体育教育的开展可以对大学生的消费能力产生一定的影响，也可以从整体上推进体育产业经济的发展。

（三）高校体育经济研究有利于全民身体素质提升

高校体育经济能够有效地增强我国国民的身体素质，但目前高校体育经济的发展还滞后于高等教育的改革与发展，这个差距将会限制高校体育的未来发展以及素质教育的深化。因此，拥有较多的体育资源的高等院校需要成为体育改革的突破点和重点发力方向。

首先，只有不断完善高校体育教育体系，才能更好地服务大众，达到体育资源共享的目的，满足大众体育、科技体育和全民健身的需要。高校在推动体育经济发展时，要不断完善安全制度，适当增加资金投入，吸纳一定的社会资源，加强体育设施建设，促进体育资源及时更新，实现体育资源社会共享。

其次，高校体育经济只有发展到一定的水平，才能满足人们对于运动场地和体育器材的需要，才能在共享经济的背景下大力发展体育经济。高校体育经济发展的关键在于能否充分利用体育设施，因此，高校必须转变体育设施使用观念，在不影响体育教学的前提下，采用开放式、多元化的模式，提高体育设施的社会共享率。同时，高校应构建开放性管理制度，创新管理模式，立足于大众需要，以制度规范人们的体育行为，营造良好的体育运动场所，促进高校体育教育资源的社会共享，为高校体育经济的发展提供保障。高校在发展体育经济时可借助各种新项目，如体育赛事、培训服务和俱乐部等，采用商业化运作模式，充分运用新媒体，大力发展体育事业，这样既可以宣传高校体育文化，又可以不断拓展体育文化的深度。新媒体的运用能为高校体育经济的发展带来更多的消费者，媒介技术的发展也能促进高校体育经济呈现多样化的发展模式。

第二章　高校体育经济发展的现状与策略

第一节　高校体育经济发展的相关理论

一、利益相关者理论

利益相关者理论认为，在市场经济中，现代企业是一个利益相关者，企业经济管理是一种合作活动，任何一家企业的发展都离不开股东、员工、客户、合作伙伴、社区、政府、环境、经济共同体等各种利益相关者的参与，企业发展不仅要为股东利益服务，还要维护和促进其他利益相关者的利益。该理论的基本出发点是企业的社会责任，要求企业在注重经济利益的同时，不能忽视相关者的法律利益和道德利益。

我国职业体育俱乐部是按照现代企业制度建立与运作的，具有明显的企业性质。其利益相关者主要包括运动员、教练员、裁判员、体育经纪人、体育消费者、体育项目协会、媒体、赞助商、广告商、竞争者和政府等。利益相关者理论可以为体育产业的经济活动与管理提供一个很好的分析框架，强调了体育俱乐部与其他利益相关者在体育市场中形成的是一种相互依存的关系。职业体育俱乐部既是一个经济组织，也是一个社会组织，必然受到一定道德规范和社会准则的约束，需要与利益相关者在业务联系中对自己的行为负责，即承担对利益相关者与俱乐部行为相对应的企业社会责任。因此，在相关的经营管理中，一方面，企业要关注运动员、教练员、俱乐部员工等内部利益相关者，尊重他们的人格，体现出以人为本的仁爱思想；另一方面，企业对体育消费者、媒体、赞助商、广告商、竞争者和政府等外部利益相关者，要体现公平竞争、尊重对手、诚实守信、合法经营等思想及环保、慈善等责任。

利益相关者理论有助于分析体育产业组织中各个利益主体之间的利益

关系，帮助我们在体育经济伦理建设过程中尽量避免和消除利益冲突。

二、功利论

功利论是以追求最大利益或实际功效作为标准的道德理论，其核心是功效和利益。该理论体系不考虑一个人行为的动机与手段，只考虑这种行为所产生的实际结果，判断一种行为正当与否的基本或最终标准是“善”或“好”。中国古代墨家学派倡导以兼爱为核心的社会伦理思想，反对儒家所强调的社会等级观念，主张“兼相爱，交相利”。墨子是墨家的创始人，是典型的功利主义者，他重利贵义，认为义和利是统一的，有利是正当，无利便是不正当。墨子所说的“利”指的是公利而非私利，不是一个人的利，而是大多数人的利。后期墨家坚持从义利之辩的理论角度发展墨子的功利说，更加突出“利”的重要性，把“利”贯穿社会生活的很多方面，体现了准则功利主义的特点。西方功利论是由英国著名伦理学家边沁和穆勒创立的，他们都认为善优先于正当，行为正当与否的标准取决于善或好的增加或减少。功利论作为体育经济伦理研究的一个道德理论基础，主要表现在三方面：一是论证市场经济条件下大力发展体育经济的伦理正当性；二是论证体育事业中坚持经济效益与社会公正统一的科学性；三是解决体育经济行为的规范问题。

三、道义论

道义论指人的行为必须遵照某种道德原则或某种正当的道德理论，其核心是义务和责任。该理论体系不太注重行为的后果，而强调道德和义务的重要性，强调人们的道德动机和义务感在道德评价中的地位与作用。道义论是在不同的时期，以不同的理论形态发展起来的，其价值是作为一种保证实现个人利益、维护社会秩序运行的理论体系，能够为人与社会的发展提供价值导向，协调社会关系，以维护人类实践和谐。道义论形成的内在因素是人类及社会对道德权利、道德秩序、道德义务和道德评价的现实需要。而将其真正地置于体育经济活动中，以社会公认的责任和义务来规范人们的体育经济实践行为，就具有重要意义。首先，道义论为“以人为本”的体育经济管理理念提供了理论基础；其次，道义论能提高人的道德水平；最后，道义论为体育经济领域实行“依德治体”方略提供了理论支持。道义论注重行为过程的正当性，强调义务和责任，从道德的角度，通过道德自律，协同法律法规来规范体育市场，实现经济效益和社会公正的统一。不仅职业体育俱乐部要重视道德自律，建立自身良好的信誉和道德形象，运动员或教练员也要在“道义”的指引下，形成良好的职业道德。

四、公共选择理论

公共选择理论又称新政治经济学，研究对象是公共选择问题，就是指人们通过民主决策的政治过程来决定公共物品的需求、供给和产量，是把私人的个人选择转化为集体选择的一个过程，是利用非市场决策的方式对资源进行配置。

经济社会中的物品分为两种：一种叫作私人产品，另一种叫作公共产品或公共物品。保罗·萨缪尔森提出公共产品必须同时满足两个特征：第一，消费的不具有排他性，即一个人消费不影响他人的消费；第二，取得的非竞争性，即在获得产品时存在搭便车现象。布坎南和奥尔森从不同的视角阐述了准公共产品的存在，即社会中还存在着大量介于纯公共产品和纯私人产品之间的准公共产品，叫作“俱乐部”或“集团”准公共产品，机构内部所有的公共产品，对成员的消费来说，没有竞争性和排他性，但是对机构外部的成员来说，则依然具有竞争性和排他性，不属于公共产品的范畴。在公共产品的提供中，萨缪尔森指出了一个规律：只有在社会成员通过公共产品获得收益等同于该公共产品的生产花费的成本消耗时，这个公共产品的提供才是有效提供。但现实中无法提供采集公民愿望和让其如实表达其愿望的机制。因此，对于纯公共产品的供给可以采取中央集权制度、投票或者克拉克税收的办法来提供。经济学家科斯则认为，只要消费具有排他性，就能界定物品产权，那么市场机制是配置私人产品的最佳方式。私人产品应当由政府或社会团体来提供，而公共产品若由私人提供就会由于搭便车现象和收费困难导致私人收益得不到保障，社会有效供给不足，出现市场失灵。因此，公共产品应由政府来提供。但是，公共产品也可以通过政府直接授权给个人来提供，私有产品当然也完全可以由政府通过垄断形式来供给。

高校体育设施的修建基本上都是依靠政府财政拨款，从性质上看，应该属于公共产品的范畴，从大环境的角度看，对所有的使用者来说体现了公平价值。但是，为了实现高校体育设施的社会功能和经济创收，合理利用体育资源，参与市场竞争的过程又存在竞争性，使用时应适当收费。“效率与公平”是公共决策中难以取舍的两个标准：一方面，由于高校体育设施的公共性，为了体现公平性，应该免费对社会开放。而另一方面，由于高校体育设施的维护费用高昂，政府财政压力大，应该进行市场运作，有效利用资源创造经济效益。因此，效率原则也不能忽视。

五、社会化理论

随着人们对于社会学研究的深入探索，社会化的内涵以及研究的内容也在不断变化中。社会化的概念，可以从三个角度来进行诠释。首先，从文化角度来看，社会化是人类繁衍生息的生存环境内对于文化遗产的代代延续传承的过程，社会化的实质其实就是社会文化的本质延续。也就是说，从文化的角度来看社会化，就是偏重于社会文化的延续过程以及生存在社会上的个体对于文化的适用能力。其次，从个性发展的角度来看，社会化被看作人的个性养成和人格塑造和发展的过程。也就是说，从个性发展的角度看社会化，就是注重个体在社会过程中的成长进程，特别是从社会中取得社会经验以及社会习惯的收获。最后，从社会结构角度来看，社会化是个人参与社会后所承担的社会角色，所组织的社会结构中进行隔代延续的过程。也就是说，从社会结构的角度看社会化，就是强调人参与社会的互动活动，从而获得社会规范和社会生活方式的相互养成过程。社会化过程就是社会角色担当学习的过程，在这个过程中，个人通过学习，逐渐了解自己在群体以及社会架构中的地位，领悟并遵从社会对这个角色的规范和期待，学会如何顺利地完成角色义务，完成年代的延续。

近年来，社会学关于社会化的研究一般都是强调社会化是个体与社会之间的双向互动的过程。一方面，个人作为参与社会化的客体，是社会文化实施教育同化的对象和目标，社会按照固有的模式传承给下一代新人，使个体必须保持与社会的同步，或者说个体通过社会的同化功能之后渐渐获得了社会成员的资格。另一方面，个体首先作用于社会，用自己的信仰、价值观和人格特征去影响他人、社会。社会化是人类学、社会学和心理学等多学科领域都非常关心的课题，从广泛意义来讲，个体在经历社会文化延续的过程中所获得的内容，都是社会化的范畴。所以，社会化的内容是多样化的，有社会知识、社会经验、价值规范养成、自我个性发展等多个方面。

而体育是人类根据自己的意愿参与社会的产物。体育源于社会的同时也服务于社会，从社会的角度和功能上来看，正符合社会化的理论基础。首先，体育具有政治功能。体育作为一个国家综合实力的象征，不仅是不同国家国民身体素质的竞争，还具有唤起民族团结意识、增强民族凝聚力、促进社会整体进步的功能。其次，体育具有经济功能。我国体育的发展已经从计划经济慢慢转变为市场经济，通过不同方式的运营机制，体育竞赛、体育产业等方面的经济主体相继出现，带动了交通、旅游、餐饮、住宿等产业的发展，特别是体育器材、服装、用品用具、仪器设备以及体育科研运动饮料等领域的发展。最后，体育具有社会整合功能。体育已经成为目前社会文化的代表之一，不管是从体育的组织形式来说，还是从体育所赋予人们从事社会活动的内涵来说，体育都带动了人们参与社会从而获得价值的整合功能。

从体育的功能上来看，体育符合社会化的理论内涵，所以从体育设施在协助体育实现各项社会功能的角度来说，具有非常重要的作用。体育设施在参与社会的同时，也恰恰是作为一个客体，参与社会文化的整体过程。所以，体育设施的社会化研究有利于体育设施的开发利用，有利于体育设施的实现价值，有利于体育设施的资源整合。

第二节 高校体育经济发展现状与问题分析

一、高校体育经济发展的现状与优势

（一）体育设施方面

整体来看，高校拥有数量十分可观的体育场馆和器材设备，除满足教学、群体、训练需要外，完全有能力面向社会开放，满足全民健身计划推行过程中社会各界对体育场所、器材的消费需求。

（二）体育人才方面

体育院校以及其他普通高校中部分达到较高运动技术水平的体育尖子，是竞技运动市场后备人才的重要部分；而一些达到较高指导水平的教练员，则是竞技市场教练人才的重要组成部分。在日渐兴盛的体育人才市场中，这两部分人都可能成为有偿服务的对象。

（三）体育科研方面

高等院校浓厚的学术气氛、科研设备和科技水平，使之成为我国竞技科研的一个重要力量，高等院校的体育科研成果不但能直接推向体育科技信息市场和体育图书音像市场，而且能直接服务于科学化运动训练和指导运动训练的过程。利用高校体育经济开发现存的有利条件，按照社会和高校对体育多层次、多方面的需求，发展、经营体育产业，扩大资金来源，增强自我补偿和自我发展的能力，势必成为高校体育走向市场的明智抉择。

(四) 媒体力量和品牌形象方面

高校可以利用比赛进行形象宣传，如运用电视、报纸、网络和广播等媒体，实现立体报道，全方位传播，扩大宣传的覆盖面；利用比赛举办之机，充分展示高校筹办大事的精心、开幕式的精彩、运动健儿的英姿，进一步树立学校的良好形象；可以以体育为媒介，打造品牌和加强交流，强化品牌。例如，凭借体育比赛的东风，系统介绍学校的现状、办学模式和特色，使社会各界对学校有全方位、多角度的了解。同时，突出本土特色。对优秀运动员的报道，也是对学校运动员培养模式的肯定，同时是提升学校知名度、强化特色型的有效途径。运动员的出色表现，离不开学校的培养和良好的体育传统，可以大大提高学校体育工作的知名度。此外，探讨培养模式，追溯体育传统，也成为媒体关注的重点。

高校通过比赛，吸引来自各地区的运动员参赛，如果是举办国际比赛，还可以吸引国外运动员参赛，给大学带来多样的文化和信息。大赛新闻中心派出多路记者，跟踪采访，系统地报道他们对主办学校的印象、参赛的感觉、对大赛组织安排的感受等内容。总之，高校通过比赛可以促进交流，在接触中增进了解，也可以使学校的品牌形象得到极大的提升。

(五) 体育劳务方面

高校体育教师既有丰富的运动实践经验，又有较高的理论水平，能够在培训、技术辅导、康复咨询等方面向市场提供优质的服务。

二、高校体育经济发展面临的问题

(一) 高校对体育经济发展的重视度不高

高校管理者对高校体育经济发展的态度决定着高校体育经济发展的方向。受传统应试教育的影响，目前仍有一些高校领导对体育经济发展的概念认识不深刻，在体育教育方面仍然只停留在教学上，没有意识到体育经济的重要性，这极大地影响了高校体育经济的发展。在高校体育经济发展初期，如果管理者的重视程度不够，忽略了对体育运动场地的建设和优化，只是将体育经济作为一项体育事业来发展，就会使高校体育经济在管理方式上缺乏统一性和规范性，在管理制度和管理方针上不能与时俱进，导致高校体育经济和市场之间脱节，阻碍了高校体育经济的发展。除此之外，各个部门的权责划分不清晰、管理理念不同等问题，也是影响高校体育经济发展的重要因素。所以，我国高校体育竞技发展制度的完善，需要高校管理者对体育经济的发展方向和趋势有一个全面的理解和认识，这样才能有效地促进我国高校体育经济的发展。

（二）高校体育经济发展理念缺失

我国在整体上未形成科学、先进的高校体育经济发展理念，以致我国高校体育教育与体育经济的发展尚处于分离状态，无法很好地融合。此外，我国高校体育经济产业化的观念还不成熟，不能很好地融入市场，缺乏与社会的交流合作。分析我国高校体育产业化的发展历程不难发现，我国高校受到传统思想的束缚，缺乏开放意识，高校体育与社会经济无法形成深层互动，其相互促进、相互推动的良性关系被抑制，使得社会经济发展所带来的有利条件无法应用到高校体育教育中，而高校体育经济也未能为社会经济的发展作出应有的贡献。同时，由于我国高校缺乏健全的管理机制，其经营管理理念无法适应现代化的市场需求，又缺乏先进的体育经济指导思想，以致在高校管理者中无法形成系统、专业的高校体育经济市场化发展理念。例如，在面对扩招和学生规模不断扩大的情况下，高校仍按照传统的理念依靠国家财政的拨款和学校的资金投入维护学校的日常运转，而不是通过自身的优势发展高校体育经济以弥补资金的不足和带动国民经济的发展。由此可见，在高校体育经济发展过程中，高校管理者缺乏资源整合意识，至今未形成高校体育资源社会化、市场化的观念，缺乏先进的高校体育经济发展理念，在高校体育资源的开发和利用上，缺乏创新意识。

（三）高校体育经济组织混乱，发展模式单一

高校体育经济要以高校的实际情况作为发展基础，如果不能明确自身的发展态势和发展特点，以致发展方向和目标都过于盲从，且对体育经济的定义了解不清晰，就会导致体育教学和体育经济之间没有明确的界限，使得体育经济的发展受到限制。

作为体育经济的一部分，虽然高校体育经济的发展也得到很大的提升，但从全国高校体育经济的整体发展水平来看，还存在严重的不足，其中发展模式单一、组织结构混乱是目前我国高校体育经济发展中的难题。造成这一问题的原因：一是受传统观念的束缚，缺乏先进的发展理念和科学、系统的管理制度，大部分高校在发展体育经济的过程中因循守旧，未能及时改进管理模式，尤其是对高校体育经济的发展不够重视。二是受计划经济的影响，我国的高校体育产业缺乏整体的市场操作运行环境，结构配置不合理，没有完全摆脱计划经济的束缚，尚不能形成良好的市场化经营。三是缺乏对国外先进经验的学习交流。与国外高校体育经济相比，我

国的高校体育经济才刚刚起步，发展相对落后，无论是在体育产品的质量上还是结构上都无法与外国体育产品相抗衡，这与我国高校体育经济很少走出国门学习借鉴也有直接关系。

（四）缺乏高素质、综合型的体育经济人才

作为我国市场经济的重要组成部分，高校体育经济的发展是市场竞争的必然结果，肯定会受到市场经济的冲击与考验。在残酷的市场竞争中，人力资本显得尤为重要。市场竞争归根结底是人才的竞争。然而，我国高校体育经济在发展中，却面临着高素质、综合型体育经济人才严重缺乏的问题，以致我国高校体育经济在市场竞争中一直处于劣势地位。

从我国高校的体育经营管理现状来看，高校对体育经营管理人才的培养不够重视，没有采取有效的措施来培养和提高管理人员的素质，扩大培养人员数量，以致高校体育经济经营管理人员综合素质普遍偏低、从业人员普遍偏少，某些高校甚至出现了让学校体育教师暂代管理和操作的现象。由于对体育、经济等专业知识的缺乏以及对市场化运作的不熟悉，这些高校体育经济管理者很难制定出适合当前经济发展的经营模式，难以与社会经济较好地融合，以致高校体育经济在进入市场后缺乏足够的竞争力，很难取得预期的经济效益和社会效益。

（五）高校体育产业运营资金短缺

高校体育产业与教育事业有一定的联系，往往人们过度关注教育事业而忽略高校的体育产业，大多数人认为高校体育属于社会福利，不存在体育经济，导致高校的体育经济发展不起来。高校体育产业规模较小，资金投入渠道比较单一，资金严重短缺，远远不能满足高校学生对于体育训练的需求。因此，我国的高校体育经济存在着资金缺乏、没有整体性市场操作等问题，致使无法与国外的体育产业进行接轨。

第三节　高校体育经济发展的基本策略

一、增强对高校体育经济发展的认识

我国高校体育经济发展过程中所面临的首要问题是对高校体育经济发展认识不够。要解决这一问题，第一要义是转变思想，摆脱陈旧观念的束缚，增强认识，为高校体育经济的发展提供有力的指导。

高校体育教育虽然是一项教育事业，但随着校企合作办学的开展以及

市场经济的深入，高校体育已不仅是培养体育人才的教育事业，还是一个经济化、市场化的产业。高校不仅要为体育事业的发展提供人才，也要通过自身来为体育经济的发展提供支持。高校教育虽然是一项公益性事业，但高校体育的发展仍然需要经济来维持。事实上，体育事业的发展与资金的投入多少有极大的关系，因此，高校体育想要得到进一步的发展和提高，就必须发展体育经济，从而促进教育和经济之间的协调发展。

高校体育经济管理者应该及时转变思想，改变陈旧观念，树立科学的发展理念，将高校体育经济融入市场经济中，促进其快速发展。具体来说，高校应逐渐摆脱传统教学模式的束缚，确立市场经济的观念，积极参与市场竞争，以经济的发展带动高校教育的发展，反过来再以高校教育的发展推动高校经济的发展，使之形成良性循环。在具体操作中，高校体育经营管理者应深刻理解体育和经济发展的关系，依据市场经济规律制订经营计划，既要注重经济利益的获取，又要注重高校体育教育与经济的有机结合，使高校体育经济成为推动高校体育发展的巨大动力。

此外，高校体育经济在发展中还应提高认识，改变思路，坚持以体育功能为基础，以民众体育消费需求为导向，在体制上冲破原有的封闭性，积极面向市场，树立市场竞争机制的新理念。在此过程中，高校体育要充分发挥自身的优势以争取利益的最大化，在市场经济的新环境里，建立长远发展的战略思想，使高校体育逐渐摆脱高校教育附属品的束缚，真正适应市场经济发展的需要。只有从根本上转变思想、改变观念，才能从根本上改变高校体育经济发展的现状，为其快速、稳定的发展提供有力的指导，使其在市场经济飞速发展的浪潮中立于不败之地。

二、加强高校体育与体育市场的联系

（一）引导学生关注体育

要促进学生健康、全面地发展，高校体育应该积极引导学生参加体育活动。比如，高校体育可以组织相关的社团活动，帮助学生学习体育知识、参与体育锻炼等。高校开展体育活动不仅可以增强学生对体育的认识和理解，还能够促进学生之间的交流与沟通，提高学生学习的积极性。另外，高校还可以组织体育比赛，通过比赛来提高学生对运动项目的认识和理解。比如，在篮球比赛中可以设置一些具有挑战性和竞争性的项目，在足球比赛中可以设置一些对抗性较强的项目，等等。这一过程不仅可以提高学生对篮球运动、足球运动等项目的认识和理解程度，还可以培养学生顽强拼搏、积极进取的精神。高校通过开展体育比赛活动来引导和激发学生对体育运动项目的兴趣和爱好，进而使学生对体育运动项目的认知程度不断提高，在一定程度上可以促进体育经济的发展。

（二）以“互联网+”为依托

随着信息技术的不断发展，互联网已经深入人们生活的方方面面。因此，促进体育经济的发展必须依托互联网。高校体育可以借助互联网来促进学生对于体育活动的认识和理解，提高学生对于体育活动的兴趣，提高学生参与体育活动的积极性。另外，高校体育还可以借助互联网来提高自身的知名度和影响力。就像当今社会中很多企业都是通过互联网来提升自己品牌的知名度和影响力一样，高校也完全可以利用互联网增强自身的社会影响力。又如，在当今社会中很多人都会利用手机 App 来记录自己一天中身体活动的情况。因此，高校体育也可以利用这一点来开展相关的体育活动。还有，高校可以利用网络媒体来宣传比赛项目、训练项目等，也可以将学生参加比赛和训练过程中所遇到的问题向社会公众进行反馈和宣传，这样不仅可以吸引更多社会公众关注此类问题，还可以让更多社会公众对学生进行关爱和支持。

（三）以校园体育文化建设为契机

随着人们生活水平的不断提高，越来越多的人开始重视身体健康，体育与健康逐渐成为社会关注的焦点，也成为校园体育文化建设的重要内容。高校作为人才培养的重要场所，不仅是学生接受教育的园地，也是学生社会实践与锻炼的练兵场。为了促进学生健康全面发展，高校应该积极组织各种体育活动，开展各种体育比赛，让学生通过参与体育活动了解体育运动项目的内涵、规则和技术要求等。此外，高校还可以以校园体育文化建设为契机，加强对学生体育观念、健康意识、拼搏精神和团结协作等方面的培养。校园体育文化作为一种新型文化，可以促进学生对体育运动项目的认识和理解，并积极参与相关活动，使学生在参与体育运动中认识到自身的不足，实现全面发展。此外，校园体育文化建设还可以增强学生之间的交流与沟通，促进学生之间建立良好的人际关系，让学生更深刻地理解体育运动项目在实际生活中的应用价值。

三、完善高校体育市场体系

（一）充分开发高校体育经济资源

目前，我国体育产业的发展与高校体育市场体系的完善是相互影响、相互促进的，甚至可以说，高校体育市场体系的完善程度直接决定了我国体育产业发展的速度和水平。因此，为了促进体育经济发展，高校体育教学就需要充分开发高校体育经济资源。具体来说，高校体育教学可以从以下几个方面进行完善：首先，要完善体育用品市场体系。为了使人民群众能够拥有更多优质、经济、耐用、高质量的体育用品，就需要加强对体育用品市场体系的完善工作。其次，要加强对体育场馆市场的完善工作。高校拥有很多体育场馆资源，如果这些体育场馆资源不能被合理利用起来，就会造成极大的浪费。最后，高校拥有很多专业、优秀的体育人才，充分利用这些人才可以带动相关产业的发展。

（二）加强高校体育专业人才培养

高校体育教育可以通过培养体育专业人才来促进体育经济的发展。随着我国经济的不断发展和人民的富足，人们对教育的重视程度越来越高，尤其是对高等教育的重视程度越来越高。因此，高校体育教育要想在当前社会发展过程中获得更好的发展，就需要加大对体育专业人才培养的力度，使得高校体育专业人才可以通过自己的知识和技能来为我国的体育经济发展贡献更多的力量，并且在人才培养过程中强化相关专业课程以提高学生的专业能力和职业素养。随着社会对体育文化需求程度的不断提高，人们对体育教育也越来越重视，目前，我国很多高校都已经开设了体育教育相关课程，但是一些高校对体育教育重视程度不够，所以在实际教学过程中出现了一些问题。

（三）创新体育经济管理体制

随着我国市场经济的不断发展和深化，在市场经济体制的影响下，我国体育产业得到了长足发展，不仅推动了我国体育事业的进步，也促进了高校体育经济的发展。因此，为了使高校体育经济得到更好的发展，就需要对体育经济管理体制进行创新和优化。在对高校体育经济管理体制进行创新和优化时，需要明确创新的主要目标。要实现这一目标，就需要对我国体育产业市场进行调研，了解我国不同地区的体育产业市场情况、消费能力等相关信息，制定出具有针对性、合理性的创新措施。通过对不同类型高校体育项目进行划分和管理，促进高校体育经济能够整体得到更好的发展。

（四）促进体育产业结构不断优化

对高校体育经济进行整体规划时，需要根据不同地区的不同情况制定相应的规划目标。对经济较为发达地区来说，其体育产业结构会更加完善，包括市场体系、产业规模等都会得到较好的发展。同时，为了使体育产业结构得到更好的优化和完善，需要对不同类型高校的体育经济进行合理划分。例如，在我国中西部地区，其经济发展水平相对不高、市场体系不完善等，因此在进行规划时，可以将其划分为初级市场和高级市场。初级市场主要针对一些基础设施较为完善、人们生活水平较高的地区，高级市场则针对一些经济发展水平较高、人们生活水平较低的地区。

另外，国家在对高校体育经济进行管理的过程中，需要对体育产业内部结构进行合理的调整，使其更加完善和合理。第一，对体育产业内部结构进行调整，需要充分发挥市场的作用。通过调整，可以使体育产业内部各环节之间的联系更加紧密，促进各环节之间的协同合作，使体育产业内部结构更加完善和合理。第二，对高校体育产业进行管理，需要对内部各环节之间的联系进行有效调节。通过政府和市场对高校体育经济进行调节和监管后，可以使政府和市场在高校体育运动中充分发挥各自的优势和特点，并最大化地发挥支持高校体育运动的作用。第三，由于我国体育产业正处于一个快速发展阶段，在这种背景下，国内体育产业要不断地改革和创新，才能得到更好的发展，因此在与政府、市场等相关主体保持紧密协同关系的前提下，高校也要参与体育产业市场监管工作。例如，对市面上的创新体育产品进行科学分析，判断其是否符合规范要求等，通过这种方式能起到促进体育经济发展的作用。

四、合理地配置和利用社会资源

首先，高校可以充分利用现有资源，“走出去，请进来”，加强与校外企业、单位、社会团体间的沟通交流，引进资金和新项目。随着经济的发展和人民生活水平的提高，人们对体育运动的需求在不断提高，高校体育教学必须紧跟市场，从满足人民群众的需要出发，使高校体育得到更好的发展。为了实现这一目标，就要合理地配置和利用社会资源，以达到高校体育和体育经济相结合的目的。一方面，可以让高校体育资源在充分利用后为人民群众提供更好的服务；另一方面，可以让人民群众在享受高校体育带来的好处时也能助力高校体育发展。比如，高校利用社会资源进行场地租赁、提供场馆服务等。除此之外，高校还可以通过向人民群众提供健身指导、健身咨询等方式来实现高校体育与社会资源的结合，带动体育经济发展。在当前信息化技术快速发展的时代，互联网技术可以让人们随时随地进行锻炼，因此利用互联网技术进行高校体育与社会资源的结合具有重要意义。

其次，高校还可以充分利用学校体育设施设备，为社会提供有偿服务。例如，学校体育场馆可以对社会开放，但要严格按国家规定收费；对于场地内未开放的区域，应通过合理方式向社会开放。又如，高校可以将校园内现有设施设备按不同种类和功能划分为若干部分，对个别部分实行有偿服务。高校可以将学校原有设施设备根据学生兴趣和需求进行划分，分为兴趣组、健身组等，在校园内各个角落及教学区附近提供体育设施设备的有偿服务；还可以根据学生需要，将学校的体育场馆分为几个功能区进行有偿服务等；抑或根据需要提供特殊服务，如针对特殊人群可以提供按摩、保健等有偿服务，针对部分学生可以提供游泳、健身、足球、篮球、排球等服务，针对社会人员可以提供健身服务等。

五、大力发展体育相关产业

高校体育教育与体育经济发展是互相影响和促进的。体育教学过程中，在传授给学生专业知识的同时也要引导他们通过参加体育运动来提升身体素质，进而增加体育用品消费，刺激体育产业发展，促进体育经济繁荣。与此同时，高校还可以介入体育用品制造行业来发展体育产业。由于社会经济的不断发展和健康意识的普遍提升，人们对体育用品需求也会越来越多。所以，高校要抓住机遇大力发展体育相关产业，再从经济上反哺体育教育，提高教学水平和学生参加体育运动的积极性。

另外，高校也可以加入健身娱乐行业。目前，人们对健身娱乐越来越重视，很多人都会在空闲时间去健身房进行健身、锻炼或者观看各种类型的体育赛事。受此影响，高校学生在参与体育运动时也会增加锻炼的频率和时长。同时也会有越来越多的高校学生愿意去观看各种类型的体育赛事节目或者参加各种类型的体育运动比赛。因此，高校在体育教学中融入健身娱乐内容是促进高校学生参与体育运动必不可少的途径。

六、健全高校体育经济管理机制

高校体育经济是体育经济的重要组成部分，也是高校体育事业发展的强大助力，它既与高校体育有着密切关系，又与经济密不可分。随着我国经济的飞速发展，高校体育经济要想在社会经济的浪潮中占据一席之地，必须朝市场化方向发展，这就要求高校体育经济必须从高校体育教育管理部门中分化出来，建立专门的、健全的管理机构。以往，高校体育经济的管理工作处于学校领导和体育部门的双重领导下，与高校体育教学并没有严格的区分，以致造成组织结构混乱的现象。因此，为了从根本上解决这一问题，高校要成立专门的管理部门对高校体育经济的各项事务进行科学管理。此外，高校体育经济管理部门也要不断完善管理机制，制定科学、完善的高校体育经济管理规范，努力使高校体育经济的管理工作做到“有法可依，有章可循”，避免出现管理混乱、职责不明的情况。

七、注重综合型体育经济管理人才的培养

综合型体育经济管理人才的缺乏严重制约了我国高校体育经济的发展。要从根本上解决这一问题，就必须重视综合型体育经济管理人才的培养，为我国高校体育经济的发展提供优秀的人力资本。高素质的综合型体育经济管理人才是影响高校体育经济发展的关键因素，也是最重要的人力资本，他们通过创造性的脑力劳动，不仅能创造出新的商品价值，还能为高校体育经济的发展带来巨大的经济效益。高校体育经济的发展离不开专业人才的经营和管理，这些人才不仅需要具备专业和系统的体育知识，更需要经济和管理方面的专业知识，这样他们才能够根据市场经济的规律进行科学的市场化运作。然而在目前的高校中，这种综合型、高素质的体育经济管理人才却严重缺乏。因此，为了高校体育经济更好、更快地发展，高校应注重对此类人才的培养。

首先，高校应加大综合型体育经济管理人才的培养力度，拓宽人才培养的渠道，通过多种途径和方式为人才的培养提供有利的条件。例如，高校可以利用自身巨大的教育资源优势，通过体育学、经济管理学等课程对高校体育经济管理者进行系统、专业的学习培养，并定期召开研讨会，建立完善的考核制度以保障学习的效果。其次，高校应采取科学的培养方式，做到理论联系实际，既要注重专业理论知识的学习，也要重视实践技能的训练，通过策划经济发展方案和实施过程，将理论知识融入经济实践中，用理论指导实践，在实践中检验理论。此外，高校相关院系要发挥自身的专业优势，根据社会发展需要及时调整自身的专业结构和课程设置，明确人才培养的目标，为社会输送更多高素质的高校体育经济管理人才。总之，在经济全球化和竞争异常激烈的当下，市场的竞争归根结底是人才的竞争，人才是社会经济、文化、国家实力等发展的核心要素。

八、加强学校对体育经济的宣传

我们国家的体育事业呈现高速发展的态势，目前的高校教育中，体育教育正如日中天，所以高校在保障体育教学质量的同时，应乘时代东风大力发展体育经济。在社会有体育比赛需要借助高校场地举办时，可以借机进行宣传，宣传学校的资源，让人们对学校的体育设施有所了解。体育文

化的内容需要适时调整，符合时下的体育比赛需求，可以利用鲜艳的颜色以及新颖的广告文化背景吸引人们注意，让人们对高校的体育产业产生兴趣。如今是一个信息化时代，高校可以设计一些体育游戏，以学校体育设施资源为场景，让学生拍成短视频，发到学校的官网，利用多媒体以及网络进行宣传，这样不仅能够提高体育经济的趣味性，还能够让社会上有需求的人们了解到高校的体育资源。高校可通过与企业及文化部门的合作，增大体育文化的内涵，也可以通过电视、广播、校园网站提高学校体育资源的知名度，引发社会对高校体育产业的重视与关注，吸引人们主动了解高校体育，促进高校体育经济快速增长。高校要充分发挥自身的优势，明确培养人才的目标，与国内的体育企业进行广泛合作，搞好产品运营和开发，减少体育产业人才的流失，形成我国高校体育经济更好的发展趋势。高校要利用得天独厚的条件，加强与社会各个部门的联系，形成独具特色的高校体育经济链，吸引越来越多的人加入发展高校体育经济的队伍中来，做大高校体育经济市场。

第三章　高校体育教育与体育经济的发展

第一节　我国高校体育产业化情况分析

一、高校体育产业化的重要意义

高校体育产业化的重要意义，体现在以下几个方面。

第一，高校体育产业化是体育事业健康发展的重要支撑。高校作为人才培养和科研创新的重要场所，推动体育产业与科技、教育等领域深度融合，能够为体育事业注入新的活力和动力。

第二，高校体育产业化对于促进学校综合实力和国家经济增长具有积极意义。通过培养优秀的体育管理人才和运动科学专业人才，高校体育产业不仅可以提升学校在体育领域的影响力和竞争力，也能推动相关产业的发展和壮大，为国家经济注入新的发展动力。

第三，高校体育产业化还有助于丰富校园文化，激发学生对体育的兴趣和参与热情，促进学生的成长和全面发展。通过举办各类体育赛事、开展体育活动，高校可以培养学生的团队合作意识、体育精神和健康意识，为学生的成长奠定良好基础。

因此，高校体育产业化的重要意义在于推动体育事业的发展，促进学校与产业的合作，推动经济增长，促进学生成长和健康发展。

二、高校体育产业化现状与问题

（一）缺乏产业化意识

我国高校在推进体育产业化过程中，面临着诸多挑战，其中缺乏产业化意识是一个主要问题。由于受到传统的思想观念约束，大部分高校开放性较差，仅仅强调体育课教学及业余运动锻炼而不重视体育产业化发展；

另外，全国体育产业发展水平相对较低，导致我国高校体育产业化发展也受到限制。一些高校对于体育产业化的重要性和发展路径认识不清，导致推动产业化进程的难度增加。缺乏产业化意识导致高校在体育产业化过程中缺乏整体规划和长远发展目标，容易局限于传统的教学和训练模式，忽视体育产业链延伸和价值链创新的重要性，进而影响高校体育产业化的深度和广度发展。

（二）市场运作环境不佳

在实践过程中，高校体育产业化未能借鉴其他行业的先进经验，也没有代表性的成功案例，在理论的研究上尚没有形成统一且规范的体系，也没有完善的产业法规对整个市场进行规范，这些都对高校体育产业化发展造成了严重的影响。所以，就目前情况来看，高校体育产业化只能摸索前进逐渐发展。当前存在的最为普遍的问题是：对市场的分析和研究不够充分；经营和管理的水平较低，组织内部的消耗相对比较大，资源浪费严重，效益也比较差；经营管理人员的职业素质不高，决策灵活性以及应变性不足，竞争力低下，管理经营理念落后，市场开发条件差。这些都制约着高校体育产业化的步伐。

（三）技术与设施不足，企业赞助薄弱

我国高校体育产业化的发展面临着技术与设施不足等挑战。在当前数字化、信息化快速发展的时代背景下，高校体育产业的发展需要技术和设施的支撑，但是许多高校在这方面存在着严重不足。首先，部分高校体育设施陈旧落后，无法满足现代化体育产业的发展需求，如缺乏先进的体育场馆、器材设备等，影响了体育产业的发展和升级；其次，技术水平相对较低也是制约高校体育产业化发展的因素，如缺少最新的科技和相关的技术人才，使得高校在体育产业化过程中缺乏创新力和竞争力。

足够的资金能够在很大程度上促进整个体育事业的产业化发展进程。但就当前情况来看，大多数高校的体育产业都不能按照市场运营规律进行运作，所获得的来自企业的赞助只能依托广告，除此之外，仅有学校和各个主管单位的指令赞助以及来自社会的公益性赞助。企业也都不愿把高校的体育活动当作企业的发展环节，不肯将校园体育运动当作企业文化的一部分进行延伸发展。高校所获得的体育赞助不够规范，资金的流向透明度不高。因此，明确赞助的行为是体育赞助得以健康发展运营的前提。

（四）市场竞争压力大

随着体育产业的快速发展，市场竞争越发激烈，高校体育产业化发展

在市场中面临着诸多挑战与压力。首先，体育产业市场竞争激烈，高校需要面对来自行业内外的竞争压力。在体育产业多元化发展的背景下，高校体育产业必须不断提升自身竞争力，才能在激烈的市场竞争中立于不败之地。其次，随着市场需求和人们消费观念的变化，高校体育产业也必须不断创新以适应市场变化。市场竞争的压力要求高校不断推陈出新，提供符合市场需求的体育产品和服务，以赢得消费者的青睐和市场。

（五）体育产业人才短缺

作为高校体育产业管理人员，不但需要充分地掌握体育产业基本特征，更重要的是要有较高的经营管理水平。我国高校在体育产业化发展过程中，面临着人才短缺等诸多挑战。人才是推动体育产业化发展的核心力量，而在当前情况下，高水平的体育产业化需要大量专业人才，但由于人才培养机制不完善、专业人才流失等原因，导致出现人才短缺的现象。首先，由于体育产业化是一个专业性很强的领域，需要体育相关专业的人才，如体育经济管理、体育市场营销、体育产业规划等，然而目前相关专业人才的培养相对滞后，难以满足产业发展的需求；其次，高校在体育产业化发展过程中，也需要其他专业人才的全方位支持，包括管理、运营、市场推广、技术创新等多个领域，但现实中存在着人才分布不均、素质参差不齐的情况，导致了人才队伍数量的不足；再次，一些高校管理者对体育产业没有明确的认知，不能准确判断体育事业的发展前景，造成高校体育产业停滞不前，使部分人才看不到希望而离职；最后，经营管理的形式相对比较单一，不能完全适应体育产业，管理过程中也存在较多的权限交叉范围，要不无人管，要不都来管。

三、高校体育产业化的发展对策

（一）拓展市场合作实现共赢发展

为推进我国高校体育产业化发展，高校应着重拓展市场合作空间，谋求共同发展。高校可以采取以下对策：首先，高校可以加强与体育产业、赛事组织、体育品牌等市场主体的合作，共同开展项目合作、赛事举办、体育产品开发等活动，实现资源共享、优势互补，促进高校体育产业与市场的深度融合；其次，高校可以积极拓展与科研机构、行业协会、政府部门等的合作关系，共同推动体育产业技术创新、政策支持、产业标准制定等工作，提升高校体育产业的科技含量和产业竞争力；最后，高校还可以加强国际合作与交流，拓展海外市场，吸引国际体育品牌、赛事等资源，促进跨文化交流与合作，推动高校体育产业的国际化发展。综上所述，拓展市场合作空间，实现共同发展是推进高校体育产业化的重要对策之一，通过与市场各方主体的紧密合作，高校可以更好地整合资源，创新发展，实现高校体育产业化的良性循环与可持续发展。

（二）资源整合与产学研合作模式创新

为推动我国高校体育产业化的发展，资源整合与产学研合作模式创新是关键对策之一。高校可以采取以下措施：首先，加强资源整合力度。高校可通过整合国内外优质资源，包括人才、资金、设施等，搭建体育产业化发展的平台，建立起跨学科、跨行业的合作机制，共享资源，提高资源利用效率。其次，推动产学研合作模式创新。高校可以与企业、科研机构建立长期稳定的合作关系，共同开展体育产业化研究和实践项目。通过产学研合作，实现理论与实践的结合，促进科研成果的转化和产业化应用。最后，鼓励开展产学研深度合作。高校可以鼓励教师和学生积极参与产业合作项目，并将学术研究成果与企业需求对接，推动产学研深度融合。同时，建立起科技成果转化的机制，推动科研成果向实际应用转化。通过资源整合与产学研合作模式创新，高校可以最大限度地发挥自身优势，吸引外部资源支持，推动体育产业化的快速发展。这种合作模式有助于提升高校的影响力和竞争力，促进产学研的深度融合，推动我国高校体育产业化的蓬勃发展。

（三）提升技术水平和加强设施建设

为推进我国高校体育产业化发展，高校应提升技术水平加强设施建设。首先，高校要加大对体育科技的投入，引进先进的体育科技设备和技术，如 VR 虚拟训练、运动数据分析等，提升体育训练、竞赛和表现水平，增强高校体育产业的创新能力和竞争力；其次，高校要加强体育设施建设，更新升级现有体育场馆、训练设备等，提高体育场馆的多功能性和智能化水平，满足不同体育项目的需求，提升体育活动和赛事的品质和观赏性。综上所述，提升技术水平和加强设施建设是推进高校体育产业化的重要对策之一，通过不断引进创新技术和改善设施建设，高校可以提高体育产业的品质和水平，推动体育产业向着现代化、智能化方向发展，实现高校体育产业化的可持续发展目标。

（四）转变经营观念，寻找适合高校的经营项目

高校必须保证资源合理配置才能促进体育资源社会化发展及商品化发展，树立起良好的市场意识及服务观念，与社会建立起良好且密切的联

系，充分了解社会对体育事业的消费需求，最大限度提高现有资源的利用效率，通过多种形式及多种渠道发展高校体育产业；坚持多种经营方针，确定经营权责等。高校通过以上措施转变整个高校范围内的经营观念，逐渐形成良性循环。

在转变经营观念的同时，高校要积极寻找适合高校的经营项目：第一，利用教育资源优势，选择投资相对较少且见效相对较快的体育项目，并且结合实际情况，将现有场馆及师资力量充分利用起来，其中主要包括运动员及教练员等的培养和锻炼，培训社区范围内的体育干部以及辅导员等。高校还可以设置函授班等方式将潜在的教育资源利用起来。第二，充分发挥出高校的科研优势，将全民健身的观念贯彻到师生中，开发具备较高科技含量的健身器材。第三，将高校已有的人力资源和器材资源等充分利用起来，并建立起对应的机构，实现有组织、有目的的活动及竞赛等。

（五）人才培养与体制机制创新

我国高校在推进体育产业化的过程中，人才培养和体制机制创新是至关重要的方面。为应对挑战，高校可以采取以下对策。

第一，加强人才培养。高校可以根据体育产业化的需求，设计和完善相关专业课程，提升学生的实践技能和产业化意识；同时，鼓励学生参与实习、实践活动，培养他们的创新能力和团队合作精神。

第二，强化师资队伍建设。高校应加强对体育产业化领域的师资队伍建设，引入业界专家和企业人士参与教学和科研，促进产学研合作；为教师提供持续的培训机会，提升其专业水平和实践能力。

第三，创新体制机制。高校可以通过改革体制机制，鼓励教师和学生参与体育产业化相关研究和实践；建立激励机制，对取得突出成绩和实效的教师和学生给予奖励和荣誉，营造良好的创新氛围。

通过以上对策，高校可以更好地适应体育产业化发展的需求，培养出符合市场需求的人才，推动高校体育产业化进程，实现人才培养与体制机制的创新，为我国高校体育产业化的发展贡献力量。

第二节　高校体育教育对体育产业的影响

一、体育教育与体育产业的关系

我国国民的物质生活不断丰富，人们已经达到小康水平并正在向着富裕阶段前行，身体健康、轻松生活成为人们新的追求。因此，“体育”这一可以强身健体的运动受到人们的高度关注，在考虑如何实现更加健康的饮食之外，人们开始积极了解怎么参与自己感兴趣的体育健身项目。所以，要在发展过程中不断加强体育产业建设，关注体育产业的发展状况，满足人们日益强烈的体育建设需求。体育人口（指有较高的主动参与体育运动的群体）的增长对体育设施提出了更高的要求，为了容纳更多的体育人口，满足人们的体育健身需求，应在全国各地建设更多的体育场馆，为人们提供相应的服务，促进全民健身事业的发展。

我国高校的体育人口主要由在校大学生组成，而且体育教育和体育产业的关系也十分密切。近几年，我国不断提高对素质教育的关注度，在体育教育中鼓励学生放下课本，走向操场，参加运动，强身健体。随着高校的学生数量不断增加，在此影响下，学生的思想观念逐渐改变，逐渐意识到身体健康的重要性，开始积极主动地参与体育运动，成为数量巨大的体育消费人口，促进了体育产业的发展。作为体育产业之一的体育馆是为人们提供运动场地及设施的场所。现代体育馆通常配备完善的体育基础设施和用于锻炼的先进设备，人们可以直接进入体育馆参与体育运动，无须自备器材或寻找场地。目前，我国大部分城市都建立了数量可观的体育馆。体育馆也是高校开展体育教育的重要场所。几乎每所高校都有体育场馆，数量庞大的体育场馆进一步方便了体育教育的开展和运动水平的提升。因此，体育教育促进了体育产业的发展，体育产业又服务于体育教育的开展和提高。

二、研究高校体育教育对体育产业影响的意义

在经济持续增长的当下，我国各项产业都获得了长足的发展，并且继续保持着快速发展的势头。但我国在体育产业领域制定的法律法规以及提供的经济支持都仍然不足，对体育发展的重视程度还有待提高。虽然国内大多数城市都修建了体育场所供民众使用，但计算之后的人均使用面积仍然不足，这说明当前我国体育产业的发展程度还无法满足人们的体育需求。从产业大局的角度来说，政府的经营方式和市场实体的经营管理缺乏协调，我国还没有建立统一的管理体系。从产业经济的角度来说，我国的体育品牌一直没有在市场运营中取得优势，政府虽然高度重视体育场馆的建设和青少年体育人才的培养，但没有对职业体育联赛给予充分的关注，特别是联赛运营和联赛管理方面。如果我国体育产业长期处于这种发展状态，会导致体育专业人才越来越少，人才利用率严重不足，体育资源流动缓慢甚至停滞的问题。这些问题都将影响我国体育产业的健康发展。高校

开展体育教育，一是可以为国家及体育产业培养专业人才；二是可以拓宽体育产业的发展空间，推动体育产业的进步。因此，研究高校体育教育对体育产业的影响，有利于推动我国体育产业发展，紧跟国际体育发展的趋势。

三、高校体育教育对体育产业的影响

体育产业的发展离不开体育对象，体育对象是维持体育产业可持续发展的决定性力量。当前，国内高校逐渐成为我国发展体育产业的关键场所，在体育产业中的地位不断上升。教育方式是影响学生体育观念的关键，必须在开展高校体育教育的过程中予以重视。我国高校开展体育教育的目的是大力开展学校体育，促进学生身心全面发展。深入分析高校体育教育对体育产业的影响，对提升我国体育产业经济发展水平是很有必要的。只有掌握充足的理论基础和现实依据后，高校才能制订出科学、合理的体育教育方案。

（一）高校体育教育对体育消费观念的影响

高校开展体育教育工作可以帮助学生树立正确的体育消费观念。从整体的角度来说，高校体育教育有利于我国发展体育产业。从高校学生的心理角度来说，他们可能产生更多的自发性体育消费行为。从体育教育的角度来说，高校开展形式丰富的体育教育活动，可以调动学生参与体育活动的积极性，激发学生的体育学习热情。体育教育活动的形式是丰富多样的，比如邀请体育专家开办讲座、在校内举行体育比赛、联合其他高校共同举行体育联赛等。学生参与这些教育活动后，可以清楚认识体育消费以及体育活动的价值，培养学生的体育兴趣爱好，使大学生接触更多、更全的体育项目。相比社会普通公民，接受过体育教育的高校学生具有更强的健康理念和锻炼意识，这说明高校体育教育是可以对大学生的体育消费观念产生积极影响的。因此，为了长期、稳定地发展体育产业，维持体育产业的可持续发展，我国必须重视高校体育教育，帮助学生树立健康、正确的消费观念，深入挖掘并满足学生的体育需求。

（二）高校体育教育对体育消费能力的影响

体育消费能力通常指人们对体育活动、体育设备等一系列体育相关事物的消费能力，但这里的体育消费能力不是普通意义上的经济能力，而是学生对体育消费的认知和辨别能力。一般情况下，社会环境和家庭环境决定了一个人的消费能力，人们不需要接受专门的培训来锻炼消费能力。但我们分析高校学生的消费能力时发现，接受体育教育和未接受体育教育的学生之间的消费能力存在明显差异。高校体育教育向学生传授了系统、全面的体育知识，学生的学习活动都经过高校的深入研究和讨论，他们可以在体育教育中养成良好的体育消费习惯，从而提高体育消费能力。科学的体育教育可以潜移默化地影响学生的消费偏好，学生的体育消费行为逐渐融入日常生活，无须刻意行动就可以产生体育消费。当具备了参与体育锻炼的主体意识后，学生会自主进行体育消费，无须任何人或机构的引导。发展体育产业同样需要稳定且合适的消费群体。该消费群体首先要热爱体育运动，愿意了解和参与体育运动，并且可以积极主动地产生体育消费。满足了这些条件的消费群体才有利于我国体育产业的发展。高校体育教育可以发挥教育这一得天独厚的优势，培养学生的体育消费习惯，提高学生的体育消费能力，帮助学生树立正确的消费观念，为体育产业发展奠定良好的市场基础。

（三）高校体育教育对体育人才培养的影响

高校是国家培养体育人才的关键场所，也是国家培育体育经济的主阵地。人才的成长离不开高校，体育产业发展同样离不开高校。相比发达国家，我国体育产业的发展速度略显缓慢，整体发展水平有待提高。在开展体育教育时，我国部分高校仍在使用一些传统的方法和理念，这是因为我国对体育教育的重视度不够。只有紧跟体育产业的发展脚步，高校才能开展有效的人才培养工作，让走出高校的人才在各类体育领域中发挥自己的才能，锻炼自己的能力。高校开展体育教育工作时必须首先分析在校学生的身体状况和基础体质，深入研究体育教育的现状，发现问题、关注问题，引入国外先进的教育理念和方法，融合国内的体育教育理念，解决体育教育存在的问题。一些国家培养优秀体育人才不仅重点关注体育教学质量，还关注学生的体育发展规划，帮助学生明确自己的发展目标。我国高校也可以学习这种方式，不仅要教育学生如何提高体育能力，了解体育产业，还要帮助学生规划自己的职业生涯，确定新的人生目标。只有积极运用科学合理的教学方式，高校才能推动体育教育和体育产业的融合发展。

（四）高校体育教育对体育产业链发展的影响

由于体育运动不断发展，体育项目也在不断推陈出新，很多新的体育活动从传统体育项目中独立出来，成为全新的体育项目。高校可以在校园内推广这些新颖的体育项目，利用学生高认知度、高接受度的优势，帮助他们快速了解并接受最新的体育项目。学生对体育教育的认知以及个人的发展规划都会受到高校体育教育质量的影响。高校不断向学生普及体育运动，学生对体育运动的认可度也会不断提高。高校体育教育的辐射范围越大，高校、社会对体育产业基础设施的需求就越大，体育产业的产业链也会随之扩大，最终这些变化都会体现在体育产业经济的发展中。不断扩大的需求无疑是我国发展体育产业的巨大推动力量。

第三节　高校体育教育与体育经济的协同发展

一、高校体育教育与体育经济协同发展的意义

随着高校体育教育快速发展和体育市场化不断推进，将造成体育消费市场和体育资源缺口加大，尤其是运动场地资源不足，导致消费市场供不应求。这给高校所拥有的体育场地、器材等资源走向社会市场提供了巨大的商机，同时也能创造更多的社会效益。随着全民健身热潮的到来，花钱买健康的意识越来越流行，公共体育设施数量明显不足且不完善，而高校良好的健身环境，配套齐全的体力训练设施，以及优质的服务和专业的技术指导，可以满足社会民众健身消费的需要。大众体育项目的逐渐增多推动了体育产业走向市场化的进程，创新的产业机遇和产业结构调整能够满足人们多样化的体育需求，成为推动我国体育经济发展的动力。

（一）符合新时代发展的要求

伴随着我国创新型知识经济的迅猛发展，社会对于创新型人才的要求不断提高。新时代，高校体育教育与体育经济协同发展能够满足社会发展对复合型人才的要求。在政府与社会中，高校发挥着桥梁的作用，将多元化的主体进行结合，从而推动协同模式的发展。若单纯依赖高校发展体育产业将面临极大的困难。基于此，高校体育产业的发展，必然要求高校充分发挥自身区域与体育资源优势，实现共同发展。新时代体育产业的发展受到体育消费的制约。而高校学生是促进体育消费发展的一个重要群体，体育消费观念先进，体育消费能力比较强，有助于高校体育产业的发展。此外，高校内部体育学科和经济管理学科等进行交叉，外部通过体育经济实现和体育消费产业的融合，在内部和外部共同作用下，指明了体育产业协同发展的方向。体育用品、体育场地设施、体育器材、体育教学等是体育产业理论研究和实践发展的表现。高校体育教育在内部不同主体、学科的融合，为高校体育教育与体育经济协同发展提供了条件，并且向高校外

部体育产业有关的文化、经济等领域进行拓展，促进了新时代高校体育的可持续发展。

（二）消除了体育产业壁垒

作为对知识进行传播的主要阵地，高校的职能表现为开展教学与科研、为社会提供智能服务等。高校体育教育与体育经济协同发展提高了对于人才的要求，高校需要深刻把握体育市场发展规律，重视培养体育产业理论人才，确保在协同发展中能够有效运用主体创新型思想。这一方面能够使高校体育产业竞争力以及创新意识得到提高；另一方面可以对体育市场运作规律进行把握，紧紧把握发展机遇，提升高校体育产业创新水平。高校对于创新知识型体育人才进行培养时，需要对体育产业的发展规律与方法进行积极的探索，对体育市场消费的意识进行深入洞察，对广大体育消费者的心理进行把握，从而能够实现对创新型体育人才的培养。基于此，高校之间的合作要加强，在专业、体育项目中存在的壁垒要打破，由此不但使高校体育专业实现融合发展，而且通过相互合作，取长补短，在推动高校体育教学与科研发展的同时，有助于培养创新型体育协同发展人才，为高校体育教育与体育经济协同发展提供人才支持。

（三）有助于我国建设创新型社会

高校体育教育与体育经济协同发展以国家建设发展为前提。目前，我国高校体育教育与体育经济协同发展还在起步时期，缺乏健全的指导思想与管理理念。高校体育教育与体育经济协同发展离不开理论的指导，同样，理论也是高校体育教育与体育经济协同发展的依据。国外发达国家在体育产业发展与高等教育方面都取得了巨大的成功，特别是发达国家的体育经济协同发展理论与机制已经比较成熟与完善，这为体育管理从传统中心地位走向边缘地位提供了基础。

高校体育教育与体育经济协同发展的理论，其研究对象必然是高校体育专业、体育产业，借助科学的研究方法，对体育经济协同发展理论体系进行构建，从而使高校体育教育与体育经济协同发展有理论支持。高校体育教育与体育经济协同发展理论一方面为高校体育产业理论的研究提供动力，另一方面能够为高校体育产业内部管理机制、组织结构、运作机制等的优化提供依据。高校体育产业基于多元化利益主体的协同发展对于体育产业理论创新有重要意义。高校体育经济协同发展要求对合适的管理机制进行构建，这在一定程度上能够衡量高校的体育教育质量。创新是新时代的突出特征，基于高校体育经济协同发展的理论，借助高校、政府、企业等不同主体的互动，使高校体育产业的创新投入与高效产出得以实现。

二、体育经济环境下我国高校体育的发展策略

研究体育经济环境下我国高校体育的发展策略，是进一步研究高校体育经济协同发展路径的前提。在明确了高校体育教育对体育经济的影响之后，我国高校应加强对体育教育的关注，积极探讨提高体育教学质量的途径，结合自身实际，制定科学、合理的体育教学方法。顺应国家的发展，加强对体育经济的管理，以促进我国体育事业的发展。当前，我国高校的体育思想已经不能满足时代发展的要求，在管理、教学手段上也比较落后，这与我国体育经济的发展有很大的关系。

（一）改革高校体育教育理念

要实现高校体育事业社会化、产业化，就要适度产业化、企业化经营，且必须改革教育理念和教学理念。面对高校体育事业的健康发展，学校领导、教师、学生要有一个清醒的认识，从“生产”“营销”“服务”“消费”四个方面做好充分的准备。产业化是高校体育管理体制改革的需要。高校要改变经营理念，为改革与发展创造有利的环境，推动高校的创新，推动高校体育事业的发展，适应新的环境。作为一名教育工作者，要适应新的时代和潮流，迎接今后高校体育发展的冲击与挑战，树立“市场、竞争、质量、效益”的思想。通过对新时代体育的认识，认识新时代体育的价值，认识新时代体育消费的价值，树立正确的体育参与、消费理念，积极认清自己的运动需要，适应未来以体育为特点的社会健康生活方式。

（二）重视高校体育服务质量

高校体育产业化也要解决好产品品质与服务问题，这是生存和发展的根本。为此，高校体育产业化经营要从产品生产过程、产品质量、服务内容、服务水准等多方面着手，为高校体育产业发展提供有市场竞争力的产品和人性化的服务，始终如一地坚持以品质为本、以顾客为本的服务理念。

（三）正确处理产业化与教学的关系

现代高校的三个功能是培养人才、科研、为社会服务。高校若不重视人才的培养，就不能称之为高等教育。而高校体育产业化过程中若忽略教学的主体作用，将其置于第二位置，则将丧失其存在的环境与功能。所以，这两者之间，存在着不可避免的矛盾。如何化解两者的冲突，整合两

者的利益，是推动高校体育事业协调发展的关键。实际上，要解决这个问题，高校必须从学校的办学宗旨出发。明确提高教育教学质量、改善办学条件、解决经费不足问题、推动学校体育事业发展和提高体育竞技水平，是高校体育事业发展的根本目标。从这一点上说，教育和体育产业化发展是一种主要与次要的关系，而体育产业化发展则是一种辅助。在保障体育教学质量的同时，适当发展产业，可以使学校的教学与教育环境得到更大的改善，这也是我国高校体育事业发展的一个重要因素。

三、高校体育教育与体育经济协同发展的路径

（一）大力支持高校体育产学研的深度合作

政府职能不断发生改变推动了公共管理社会化的发展。事实上，政府职能发展的方向是逐渐弱化其政治职能并逐步提升其公共管理的职能。我国政府公共管理中借助非政府组织推动社会体育事业发展意义重大。我国政府相关部门推动产学研合作，但在体育产学研方面还存在不足。高校体育经济的协同发展离不开产学研深度融合。政府相关部门对于高校体育产学研合作给予重视，利用多元化的手段推动高校、社会体育组织、体育企业等进行深度合作，基于“互惠双赢”的理念实现多方共赢。高校体育产学研合作发展需要基于政府的主导，高校和社会体育组织、体育企业等要加强深层次的合作。

一是高校体育产业和体育企业加强交流。政府相关部门为高校和体育企业的联系提供信息窗口与交流的渠道，借助交流论坛、年会等方式，为高校和体育企业的交流提供平台。事实上，政府相关部门、非政府部门的社会体育组织等都可以承担创建交流的主体责任。一方面，政府相关部门进行引导，通过举办交流会、年会等方式推动高校和体育企业的交流；另一方面，政府相关部门和体育企业之外的社会体育中介组织承担高校和体育企业协同合作的相关事务，能够降低成本，提高管理的效率。此外，政府相关部门对高校和体育企业的对接也可以给予大力支持。政府相关部门借助信息网络平台将体育市场的需求、高校和体育企业的合作意愿等信息进行发布，从而推动高校体育产学研的深度合作，实现体育经济的协同发展。

二是政府相关部门为高校和体育企业的合作提供政策保障。推动高校体育产学研的深度发展，一方面需要政府相关部门提供有效的信息交流渠道，另一方面需要政府制定相关政策给予支持。高校体育产业与体育企业进行深度合作的契合点是高校与体育企业各自的利益，这就需要通过保障

制度的构建，为双方合作提供支持。政府相关部门要基于宏观政策角度进行引导，对高校和体育企业的需求进行分析，制定科学的保障制度。体育企业和高校体育产业的合作与高校其他学科产学研不同，具有自身的独特性。高校体育学科具有非常强的综合性，同时，体育企业一般都是多种经营性组织，涉及第二产业、第三产业。体育企业的发展必然要明确定位，了解自身的优势与劣势；高校体育产业发展同样要求明确定位并了解自身的优势与劣势。政府相关部门从高校与体育企业的定位出发，对双方深度合作给予政策方面的支持与鼓励，从而实现资源的共享，推动高校体育经济协同发展。

(二) 转变观念，树立协同发展的理念

思想观念直接影响着新时代高校体育经济发展的前景。基于此，高校需要不断转变观念，对体育经济协同发展的创新路径进行积极的探索：一是高校领导要转变传统观念，解放思想，对高校体育经济协同发展的意识进行培养。二是高校管理者要树立体育经济协同发展的理念，并与我国社会经济体制转型相结合，对协同创新发展的意识进行培养。三是体育部门和体育组织等的观念转变。要打破相互之间的束缚，加强协同发展，对体育资源进行充分利用，推动高校体育经济的协同发展；在确保高校体育教学与体育活动正常开展的基础上，充分利用高校体育资源，促进高校体育资源向着商品化、市场化的方向发展。

高校对体育经济协同发展的运行机制进行创新，应做到以下几点。

第一，对高校体育产业品牌服务功能进行创新。体育经济协同发展是新的理论模式，高校体育产业通过服务与产品的创新，为不同利益主体提供服务，从而拓宽体育经济协同发展的范围。

第二，对高校体育产业核心技术进行创新。高校体育经济发展离不开技术的支持，通过提高高校体育产业技术水平，提高高校体育产业的核心竞争力。

第三，重视高校体育产业有关收益的提升。高校体育经济协同发展，在保持自身体育产业优势的同时，需要和有关的产业进行融合。高校体育产业提高经济效益是其发展的动力，基于此，高校体育经济协同发展需要重视经济利益的提升。

第四，重视高校体育资源的共享。高校体育产业充分发挥高校体育资源优势，通过体育资源共享，为高校体育经济协同发展提供充足的体育资源。

（三）构建满足多元化利益的模式

发展高校体育产业需要资金支持，这就需要广泛拓宽资金来源渠道。一方面，政府主体加大资金投入的力度；另一方面，企业、社会等多元化主体给予资金支持，使高校体育教育存在的体育资源欠缺、体育经费不足的问题得到解决。基于政府相关部门的指导，高校加强体育办学模式的创新，社会加强监督，从而有助于高校体育产业多元化主体模式的构建，利用多方利益主体为推动高校体育产业发展提供动力。高校体育经济协同发展是新时代发展的必然要求。区域经济在发展过程中存在着差异性，这影响着高校体育产业发展的条件与前景，高校自身体育办学能力对体育学科建设有直接影响。高校体育学科是培养体育人才的保障，对体育产业的发展影响重大。社会在高校体育经济协同发展中起到监督作用。因此，高校体育经济协同发展，需要基于区域实际，对多元化体育产业辐射和转化的模式进行构建，推动高校体育产业结构的优化；借助高校体育经济的协同发展，为高校培养体育人才提供就业机会，使高校体育人才培养的模式得到创新，体育人才的培养质量得到提升。现阶段，我国高校体育经济协同发展在稳步推进，高校科学设置体育产业结构，以体育经济协同发展的整体观念为前提，在科学方法的指导下，推动体育产品的销售，由此对多元化利益主体的高校体育经济协同发展模式进行完善。

（四）高校体育经济协同发展需要分工明确，思路统一

高校体育经济协同发展离不开思想的统一与分工的明确。一是政府相关部门在举办各种体育赛事的过程中，需要对体育文化的发展规律给予高度重视。一方面使体育赛事具有连续性；另一方面对于发展体育文化的普及性与群体性给予重视。对体育文化进行推介时，高校和社会体育组织必须紧密合作，实现对体育文化的传播，同时也要对体育教育和体育培训给予重视。二是高校体育产业的发展需要分工明确。也就是在高校体育产业发展过程中，高校要对自身的任务与义务以及社会体育组织的责任与义务等进行明确，从而为高校体育经济协同发展指明方向。

（五）加快对高校体育资源的开发和利用

1. 对高校体育资源要进行充分合理的利用

对于高校体育场地、体育设施等资源进行充分利用。新时期国家对于提高广大人民群众的身体素质十分重视，大力推广全民健身运动，而社会公共体育场地、体育设施等整体上存在不足。随着高等教育改革的日益深入，高校在建设体育场地与体育设施方面的资金投入不断增加。相对而

言，高校具有比较充足的体育场地与体育设施资源。基于此，高校可通过对外开放体育场地与体育设施等，使高校体育资源得到充分利用。需要注意的是，高校的体育资源向社会提供服务，受到成本、效益、服务等多方面因素的影响，为了对高校对外开放体育场地与体育设施等进行激励，高校可以实施多级委托管理、合理收费等手段，使体育资源的利用率得到提高。

2. 对高校体育人力资源进行合理的应用

高校体育人力资源指的是高校从事体育教学、体育科研、体育管理、体育训练等的全体人员的总和。因此，高校体育人力资源包括学生资源与教师资源。高校体育经济协同发展，在布局体育产业时需要对高校体育教育的文化价值、教育价值、经济价值等给予充分考虑，推动高校体育资源向社会化服务方向发展，从而推动我国体育事业的发展。一方面，高校体育教育和体育产业加强合作与交流；另一方面，政府部门对高校体育专业的发展给予扶持，确保高校体育专业在培养符合新时期社会要求的高素质人才中的作用得到充分发挥。

（六）深入开发高校体育经济

1. 紧紧围绕全民健身展开高校体育经济的开发

在全民健身的大背景下，对区域内居民喜欢的健身项目实施调查，并以此为基础合理分配高校内现有的体育资源，尽可能多地开设区域居民热衷的体育活动项目，包括网球、羽毛球、乒乓球、篮球、游泳、跆拳道、健身操等，并开设相应学习培训班。通过这样的方式，不仅可以为区域居民创造更丰富的健身条件，也能一定程度增加高校的经济收益。高校在开设学习培训班的过程中，除了可以安排高校体育教师进行授课，还可以适当安排相应社团、体育专业的学生作为助教，在扩充师资的同时丰富高校体育教学内容，推动高校体育教学、高校体育产业共同升级。

2. 紧密结合区域内的体育消费热点展开高校体育经济的开发

高校以区域体育市场为切入点，依托区域居民的体育消费热点开设体育锻炼项目，配置相关资源。在此过程中，落实以体育锻炼为主、多样性经营为辅的高校体育经济开发模式，促使高校内的体育场馆从原有的福利型转变为“福利型＋经济型”的模式，在满足区域居民体育锻炼现实需求的同时增加高校的经济收入，实现区域居民与高校的互惠互利。同时，就当前的情况来看，受到国民经济收入提高、对身体健康重视程度提升、肥胖恐惧增加等因素的影响，城市居民在健康、运动等方面的消费支出大幅上升。因此，高校可以适当引入体育用品、体育器械、运动服饰等产品，同时提供体育场馆租赁服务，满足城市居民的消费需求，也能一定程度增加高校在体育产业方面的经济收益。

3. 密切联合高水平运动团队的培养展开高校体育经济的开发

高校充分把握企事业单位对高水平运动员需求的市场机遇，积极与地方企业展开合作，促使高校的高水平运动队与企业相挂钩。让运动队以该企业的名义参加多种体育比赛，或参加企业冠名的邀请赛，利用运动队为企业作出更大范围的正向宣传，而企业以赞助的形式为运动队提供资金，以此达到拓宽高校运动队经济来源的效果，实现高校与企业的“共赢”。

4. 积极引入高水平体育竞赛

高校整合校内多样性体育资源，积极承办高水平体育比赛，也可以联合区域内的其他高校，联名举办高质量、高专业性、高区域影响力的体育比赛，以此推动高校体育产业的升级。举办的体育竞赛应具备极强的观赏性，能够被观众所接纳，且运动项目具有一定的经济性，为观众喜闻乐见，赛事水平高，使赛事的投资者可持续通过门票、广告、销售产品等，获取丰厚的投资回报。以“电白沉香杯”全国大学生篮球邀请赛为例，来自全国各地的高校在 12 月 1—5 日于电白体育馆展开多场精彩激烈的篮球赛事，该体育赛事不仅进一步展现了电白城乡文化，提升了城市形象，也在一定程度上激发了群众的篮球热情，实现社会经济效益的大幅度增长；包括与虎扑体育、企鹅直播开启合作，实现重点赛事的现场直播，持续扩大赛事影响力，获得众多赞助商的肯定；利用运动周边品牌的售卖，持续吸引社会资金注入，通过给予一定的赛事扶持经费，扩大项目的宣传范围。

5. 实现自我健康投资，树立健康的体育消费观

高校实现自我健康投资，树立更加健康、积极的体育消费观，推动体育产业的可持续发展与健康成长，分析体育消费的主要因素，包括支付能力以及消费冲动，将体育产品打造为消费热点。目前，体育产业发展过程中最明显的问题是群众的消费意识薄弱，究其原因在于，一直以来我国政府部门对于体育竞技的比赛成绩过于看重，大多数群众单纯认为体育项目是一种政府行为，对体育锻炼是健康生活方式的理解存在误区，因此其体育消费观念较为薄弱。为解决此类问题，有关部门需要加强余暇体育消费观的宣传与推广，注重经济建设与社会发展并举，使体育成为生活的必需品，成为人们文明生活方式的重要组成部分。一方面，高校要适当增加投

人，创造条件，调动学生参加余暇体育的积极性与热情，比如开设体育社团，将拥有相同爱好的人组织在一起，并加大体育场馆的建设，提高设施利用率，缓解以往高校场馆的设施压力；另一方面，要正确引导学生的消费意识，安排专业指导人员，或是开展体育论坛，强化教学改革，丰富人员的理论知识。学生自身也要转变对体育的态度，学习相关技能，树立正确的价值观。

第四章　高校体育场馆经济发展科学探索

第一节　共享经济与高校体育场馆的开放需求

一、共享经济概述

（一）共享经济的概念

共享经济，指以获取一定比例报酬为主要目标，在陌生人之间开展物品使用权暂时性转移的一种新颖的经济模式。共享经济的本质是汇集线下闲散物品、教育医疗资源、劳动力等，让他们以较低的价格提供产品或服务。2019 年《政府工作报告》在对新兴产业发展进行部署时强调，支持经济新业态、新模式发展，促进平台经济、共享经济健康成长。共享经济以优化社会资源、增加社会服务供给等优势引领经济发展的新趋势。学界普遍认为最早界定“共享经济”的是 1978 年美国学者马科斯·费尔逊和琼·斯潘思，他们指出共享经济是在一个由第三方创建的、以信息技术为基础的市场平台上进行物品和服务的交换。在我国，共享经济的理念已经出现多年，从最初的共享单车到如今的共享汽车、共享充电宝等，可以看出，我国的共享经济进入了一个新的时代，资源合理利用已经成为时代的主流。

（二）共享经济在我国发展的诱因

首先，习近平总书记在党的二十大报告中指出：“全面建成社会主义现代化强国，总的战略安排是分两步走：从二〇二〇年到二〇三五年基本实现社会主义现代化；从二〇三五年到本世纪中叶把我国建成富强民主文明和谐美丽的社会主义现代化强国。”“中国式现代化的本质要求是：坚持中国共产党领导，坚持中国特色社会主义，实现高质量发展，发展全过程人民民主，丰富人民精神世界，实现全体人民共同富裕，促进人与自然和谐共生，推动构建人类命运共同体，创造人类文明新形态。”共享经济符合中国式现代化的本质要求。现今社会人们的生活质量随着社会经济的发展而不断提高，对共享内容、范围、水平、品质会有更高的预期，对服务标准要求也会更为规范，共享发展的主要任务将会从精准扶贫和缩小贫富差别转向增加公共服务供给、提高公共服务水平。

其次，共享是对“节约资源”这一基本国策的贯彻实施。我国是人口大国，虽然幅员辽阔，物产丰富，但人均的资源占有量低于世界平均水平。共享经济是符合我国国策的一项重大举措。

最后，当前我国经济处于高质量发展阶段，这对于共享经济的发展是一个契机。2014 年国务院印发的《关于加快发展体育产业促进体育消费的若干意见》明确指出：“学校体育场馆课余时间要向学生开放，并采取有力措施加强安全保障，加快推动学校体育场馆向社会开放，将开放情况定期向社会公开。”2016 年国务院印发的《全民健身计划（2016—2020）》再次指出：“确保公共体育场地设施和符合开放条件的企事业单位、学校体育场地设施向社会开放。”这些都为高校体育场馆与共享经济的高度融合奠定了基础。

（三）共享经济与共享发展理念

共享发展理念与共享经济有着密切的联系。共享经济是借助网络等第三方平台，将供给方闲置资源使用权暂时性转移，实现生产要素的社会化，通过提高存量资产的使用效率为需求方创造价值，促进社会经济的可持续发展。共享经济主要包括需求方、共享平台、供给方三个要素，是一个去中介化和再中介化的过程。共享发展理念已成为我国新发展理念之一，体现了以人民为中心的发展思想，发展是由人们合力促成的，发展成果也应由人们共享，在合理的管理模式之下，让公共资源得到最大限度的使用和功效发挥。

二、高校体育场馆与共享经济的融合

（一）高校体育场馆与共享经济理念的融合

体育场馆是指由各级政府投资或社会筹集资金兴建，由各级体育管理机构或其他行政部门、事业单位、企业负责管理的，主要用于开展社会体育活动，满足广大群众进行体育健身、休闲，组织运动训练，开展体育竞赛等经营服务的场所。体育场馆资源不仅是体育活动的载体，而且是体育事业和体育产业发展的重要物质保障之一，城市中体育活动的开展离不开体育场馆资源。国家体育总局 2023 年全国体育场地统计调查数据显示，全国体育场地约 459.27 万个，体育场地面积约 40.71 亿平方米，其中事业单位体育场地面积约 16.14 亿平方米。而统计中的事业单位以教育系统单位和学校为主。

运动健康领域正在成为共享经济的新风口，高校体育场馆具备共享经济中的三个要素，它本身是一种常见的公共资源提供平台和共享平台，其需求方是全校师生和周边体育人口、潜在体育人群。在去中介化和再中介化过程中，高校的服务提供方属性将进一步强化。高校可利用互联网、手机终端等新型共享平台提高资源的分配和利用效率，科学有效地发挥体育场馆的社会服务功能，提供更好的用户体验。

（二）高校体育场馆社会功能与需求方满足

高校体育场馆多为公益性质，尤以公立学校的供给最为丰富，主要是为学校的教学工作服务，也承担学生健身运动、校园高水平运动队训练、群众娱乐休闲的职责。根据场馆需求方类型，其功能主要划分为以下几点。

一是面向全体学生，为体育课程、课外体育活动提供场所。高校体育场馆的首要功能应是为本校师生服务，室内、室外体育场馆场地应针对不同的课程作出相应的开放时间调整，制定专门的管理制度，切实保证体育课程用地的专业、便捷，方便教师授课，方便学生在课余时间开展体育锻炼，强身健体。

二是面向高水平运动员，为训练计划有效实施提供场地。我国有近 400 所高校拥有自己的高水平运动队，根据不同学校的办学特征，具体项目是丰富多样的，对体育场馆的场地空间、设施也都有明确的要求。为了保证高水平运动员和教练员有序、有效地开展日常训练，提高身体素质和竞技水平，为校争光、为国争光。高校体育场馆应妥善维护场地设备器材，安排好空闲场地，为运动员的紧张训练提供基础保障。

三是面向周围群众，为全民健身、全民健康提供场所。随着时代的进步发展，人民群众进行运动锻炼的专业场地需求在逐渐增加，闲置时间段的高校体育场馆可以满足这一部分的需要。同时，高校场馆若要提高自我造血能力，也离不开有偿开放以实现创收。这种互惠互利关系在完善的管理机制下可以实现良性循环。

三、共享经济下高校体育场馆社会化开放的必要性

（一）有利于高校场馆资源利用，弥补高校体育费用不足

高校是人员大量集聚的地方，所以提供给教师与学生进行体育锻炼的资源较多，包括体育经费、体育场馆、体育教学人员与组织人员等有效体育资源。

1. 避免资源浪费

目前我国高校不少体育场馆很多时候都闲置不用，使得场馆人均占有率并不高，场馆在使用中还存在折旧以及老化等现象。大部分高校体育场馆的建设都是国家投入很多资金才得以实现，如果体育场馆无法得到合理有效的利用，那么其老化速度就会加快，甚至很快就会被废弃，最终造成国家资源的浪费。鉴于此，如果针对社会大众有偿开放的话，不仅能避免资源浪费，还能确保场馆使用率。

2. 弥补高校体育费用的不足

目前，除一些体育院校之外，我国大部分高等院校或多或少地存在着体育场地设施缺口、设施设备落后、运营经费不足等现象。在这一背景下，高校若依据体育场馆的现有条件，进行一些新项目的开发，提供丰富且优质的有偿服务，可以在一定程度上增加收入，以此进行体育场馆设施的维修，或者添置一些新设备，吸引更多的社会体育爱好者进入校内体育场馆消费，进而形成一种良性循环，把经费不足的问题予以解决。

（二）有利于群众了解高校，提升高校社会效益

高校的社会效益主要来源于公众的反映与社会评价，但是大部分的评价只针对该高校学生的社会表现，人们并没有对高校教育文化、人文风情有深入的了解。通过体育场馆社会化开放，人民群众有更多的机会进入高校，对高校的基础设施及学生的整体素质有更进一步的了解，对高校的认知不再停留在别人及媒体的引导性评价上，而是通过个人切身的感受及对不同方面的了解，再面向个人关系网所进行的积极评价，这在一定程度上提升了高校的社会效益。

（三）有利于满足人民日益增长的体育服务需求

如今群众对生活质量有着更高的追求，需要有丰富多彩的群众体育竞赛、表演和具有民族、地域特色的群众体育活动的示范和引导，来点燃健身激情；需要有体育俱乐部、健身活动站点等全民健身组织网络的覆盖和

社会指导员的指导，来投身到运动之中。将高校体育场馆与各种体育服务资源社会化，可以满足不同群众对体育锻炼的需求，让普通群众享受到高水平的场馆资源与技能指导，促进人民群众对体育锻炼的爱好，无论大型体育活动还是群众性的体育竞赛以及体育表演，高校教师与学生都有能力满足大众的体育服务需求。

（四）有利于高校吸引人才与资金，提升高校经济效益

高校的经济效益是高校生存与发展的重要指标，高校体育场馆社会化开放使得由单一化管理趋向于市场化经营，除了能拉动人们对体育场馆进行消费，还能推动体育经济的发展。高校体育场馆社会化开放还能够培养和吸引大批管理与运营的复合型人才。通过对高校体育场馆资源进行合理化的开发，还能吸引更多社会资金参与运营及管理，多方面提升高校经济效益。

第二节 高校体育场馆社会化经营路径探索

一、高校体育场馆社会化经营的优势

（一）依托资金优势

高校传统的体育场馆管理模式较为单一，设备、设施的建设资金通常来源于政府的固定投入，由高校的体育管理部门或体育学院负责管理、维护，由环卫部门负责打扫清洁。将社会化经营模式引入高校体育场馆的管理运营工作中，能够为体育场馆带来资金优势，使其拥有更多的资金配备专业的管理人员、运营人员看管场地、管理体育场馆及体育器材，定期对体育器材、体育设备进行维护保养，及时更换老旧体育设备，提高高校体育场馆的经营效率。

（二）依托人才优势

长时间以来，如何科学高效地管理体育场馆始终是高校的难题之一。一般情况下，体育部、体育学院负责管理高校体育场馆，并聘用高校退休人员看管场地，但由于资金的限制，高校很难聘用专业的管理人员。因此，将社会化经营模式引入高校体育场馆的管理运营工作中，就能够聘用更多的专业运营管理人员，有助于科学合理地使用体育场馆资源，维护体育设施、体育器材，开展多样化的营销工作，满足不同类型、不同层次社会团体及人员的锻炼需求，提升体育场馆的运营管理

质量。

(三) 缓解锻炼需求

在高校专业课表安排中，通常每周只开展一次专业的体育课程教学，这种锻炼强度很难有效提升学生的身体综合素质。因此，高校师生需要借助体育场馆在课余时间开展大量的体育锻炼活动，特别是在气候较为恶劣的条件下，室内体育场馆就变得极为抢手，成为稀缺性资源。将社会化经营模式引入体育场馆的运营管理工作中，能够有效利用体育场馆资源，在一定程度上更科学合理地分配体育场馆运动设施的人均使用面积、使用时间，提高室内体育场馆设施、器材的使用效率。

(四) 提供后续体育服务

在共享经济时代，高校将社会化经营模式引入体育资源管理工作当中，能够提升后续服务质量。由于高校需要投入一定的资金管理维护体育场馆，在向社会公众进行开放时，就需要收取一定的费用。与此同时，高校在收取费用后，也会向公众提供相应的体育服务。随着高校体育资源社会化运营模式的逐渐成熟，各体育场馆也将为社会公众提供更为优质的体育服务，只有有偿向社会公众共享体育资源，才能为运营机构提供充足资金，提升后续服务水平。

二、高校体育场馆社会化经营的构成元素与核心要求

(一) 高校体育场馆社会化经营的构成元素

1. 服务主体

高校学生和所有社会健身参与者是高校体育设施社会化服务的主体。从全局及长远来看，实现群众体育全面科学化的重点是培养“懂管理、会技术”并从事群众性体育服务的体育人才。在体育人才的培养上，高校首先应抓好体育教育的最后一环——大学生体育“综合素质”的培养，使这些经过高等教育的大学生走上社会后成为为群众体育服务的中坚力量。在大学生体育服务能力的培养上，高校应认真贯彻《全国普通高等学校体育课程教学指导纲要》，结合地域及学校特点，有针对性地开设符合全民健身运动的锻炼方法课程、体质监测与评价课程和群众体育管理课程，培养大学生终身体育锻炼的习惯，使他们成为全民健身的主流群体和体育服务的中坚力量。

2. 客体结构

完善高校体育设施社会化服务体系，建构完备的社会化服务客体结构

和市场客体结构，推动我国高校体育设施社会化服务的蓬勃发展，是高校体育设施社会化服务进一步发展的重中之重。高校体育管理方、服务供给方、政府监管机构、中介组织机构是高校体育设施社会化服务的客体。通过立法，明确主、客体的权利、义务和责任，并自觉遵守。建构完善高校体育设施社会化服务主体结构，建立稳定、互有层次的关系网。稳定是指体育服务的供、需、中介、管理四方之间，从时间上、空间上保持着稳定联系。层次是指在高校体育的四方之间，在相同的等级上和不同的等级上保持着稳定联系，形成梯队有序、互为补充的市场要素体系，来确保学生和广大群众健身的需要，维护主体利益。

3. 服务管理

部分高校管理者担心体育设施向社会开放难管理。高校体育设施对社会开放仍存在一些难度，尽管绝大多数人认为，高校体育场馆作为国家投资建设的公共设施应该向社会开放，但还是有些管理者不愿意向社会开放，主要顾虑有：担心发生治安纠纷，影响教学秩序；担心校园绿化和卫生难以维护；担心运动安全难以保障；担心场地器材遭损毁；担心劳务支出和维修经费难以落实；等等。目前，高校普遍缺乏高素质的体育场地管理队伍，这也是影响高校体育设施对社会开放的突出问题。

4. 体育设施

作为群众体育的重要组成部分，我国高校师生拥有相对较先进的体育场馆。构建多元化高校体育设施社会化服务体系的另一重要组成部分，就是解决群众的健身场地问题。随着新时期我国群众体育逐步向健美、消遣、娱乐转变，花钱去体育场馆进行正规体育锻炼的人数逐年增多。在群众体育场地建设上，国家体育总局利用体育彩票公益金实施以健身路径为主要内容的全民健身工程，今后还要进一步加快城市社区室内健身中心、乡镇健身中心建设。但建设单靠政府体育行政部门是不行的，需要社会各方面的参与。高校体育部门应发挥其场地基础好的特点，加强那些对场地要求高、技术难度大的运动项目的体育社会化服务，加快体育设施向群众的开放，也可以进行经营性服务，以满足群众体育不断发展的需要。此外，高校设备、仪器先进，并拥有较为完备的图书资料及档案，是国内外最新体育信息获取、综合利用、传播的重要场所。

5. 政策法规

高校体育场地设施向社会开放不仅实现了资源共享，而且是构建多元化群众服务体系的重要内容，为高校在不影响正常教学与训练的前提下，可以面向大众建立营利性的体育服务经营实体提供了依据。高校体育走进社区，也是落实《关于加强城市社区体育工作的意见》的具体体现，有利于完善“三项制度”，抓好高校体育在全民健身中的“典型”。

6. 资金渠道

建立和完善一套包括财政投入政策、产业项目基本建设投资政策、社会集资政策、税收政策、体育基金等在内的比较完整、系统的体育设施社会化服务政策，形成全方位、多层次的政策体系，为高校体育事业发展创造良好的环境。加强产业化运营，推进计划经济行为模式向市场经济行为模式的转变，积极走社会化服务运作模式道路，拓宽渠道吸引社会资金参与高校体育的发展，避免体育的纯商业化和单纯的“赞助式”合作。坚持经济效益与社会效益相统一，真正使高校体育与社会（企业或社区）建立一种互惠互利、共同发展、协调统一、规范有序的合作关系。

7. 体育教师队伍

提高科学健身指导服务水平是《全民健身计划（2021—2025 年）》提出的主要任务之一，也是加快多元化高校体育设施社会化服务体系构建的关键。定期开展群众性的体育技术指导及健康咨询，为群众体育锻炼的科学化保驾护航，专业化体育服务人才是关键。高校体育教师队伍是我国体育界高学历、高职称的知识技术密集型专业群体，是教学、训练、科研方面一流的专业人才。高校可以与地方政府或社区建立体育服务人才培养的长期合作关系，保证体育服务人才的教育与继续教育的开展，使高校成为体育服务人才培养的发源地。邻近高校的社区，可以考虑把社区体育指导站建在高校或者与高校联合共建。在农村乡镇的体育服务上，高校体育可借鉴“文化下乡”的办法搞“体育下乡活动”，既可以使高校体育工作者理论联系实际，使高校学生在实践中得到锻炼，又可以弥补乡镇体育辅导人才缺乏的现状，使“高校体育下乡活动”成为体育科技行动计划的重要工程之一。

目前，由于经济原因以及体质监测技术人员的匮乏，我国国民体质监测与服务远远不能满足群众日益增长的需求，特别是体质监测档案及数据库的建立，还处于探索阶段。高校体育应充分利用自身优势，对邻近的社区、乡镇开展体质监测服务，帮助它们建立群众体质监测档案，解决群众体育锻炼中存在的问题。对于距离较远的社区、乡镇，高校可以利用互联网技术，建立群众体质监测档案，通过互联网帮助它们解决体质监测中遇到的困难，还可以通过互联网开具运动处方，指导群众科学锻炼。

（二）高校体育场馆社会化经营的核心要求

1. 以市场需求为导向

在共享经济时代，高校将社会化经营模式引入高校体育场馆的管理运营工作当中，是为了推动高校体育资源管理的市场化，解决人民群众的锻炼需求。因此，在将社会化运营模式引入的过程中，高校需要以市场需求为核心导向，改革原有的管理运营模式。首先，高校应将自身诉求上报相关职能部门以获取建设资金，完善体育场馆设施、体育运动器材。其次，高校可以联系当地的知名企业，吸引企业对高校进行投资、提供赞助，借助冠名、广告等手段吸引资金，并在体育表演活动进行时以及体育竞赛的举办过程中，宣传企业产品，实现高校、企业的双赢，进一步为高校赢得长期投资客户。最后，高校还可以向银行进行贷款或通过社会集资的模式引进资金，这部分资金主要用于维护和引入先进的体育器材，提升社会大众的运动体验，为后续的场馆运营管理工作提供帮助。借助上述三种手段，高校可以充分整合自身体育资源，逐步构建完善立体的体育市场，满足当地广大群众的锻炼需求，为高校赢得经济效益、社会效益。

2. 建设专业团队

将社会化运营模式引入高校体育场馆的管理工作后，高校师生需要与社会公众共同使用体育场馆、体育器材，这会在一定程度上减少人均使用时间、人均使用面积。因此，高校需要科学合理地管理体育资源，规划运动安排。大部分高校开设了体育专业，拥有一批具备专业体育素养的师生，应充分利用此类资源，引导意愿较强的师生管理运营高校体育场馆，由具有专业素养的高素质人才维护修缮体育器材，合理分配体育场馆的使用时间、使用频率，尽可能满足高校师生与社会公众的锻炼需求。与此同时，高校还可以向社会招聘专业人才，与学校管理人员共同分配校内体育资源，不断完善管理人员结构，进行团队建设，逐步建立专业化的运营管理团队，进而提高社会化运营管理质量、效率，增加高校的社会效益、经济利益。

3. 合理分配高校体育资源

高校将社会化运营模式引入高校体育场馆运营管理工作中，能够科学合理地分配体育场馆资源，提高体育场馆的周转利用效率。高校可以引入互联网技术，进一步提升场馆资源分配的合理性、科学性。具体可以从以下几方面着手：① 对高校现有的室外室内体育场馆、体育资源进行编号，设置高校体育资源微信小程序。社会公众关注微信公众号并进行注册，进入微信小程序后，就可明确知道各运动场馆当前使用情况、使用人数，并根据小程序自动提供的各场馆历史使用数据的峰谷时间段，结合自己的运动项目及空闲时间，机动灵活地进行场地选择并缴费预订使用。②高校还可以借助微信小程序普及体育锻炼知识，为用户提供教练选项，使其能够选择适合自己的体育教练，并对自己进行指导。互联网技术能够进一步共享高校体育资源，提高社会化运营效率和体育场馆资源利用率，避免社会公众由于场地资源的分配问题出现纠纷，增强体育场馆运用的和谐性。

4. 选拔优秀学生

高校在运用社会经营模式管理体育场馆资源时，应意识到高校体育专业师生的重要作用。高校体育专业师生具有系统的体育专业知识，能够指导社会公众开展更为专业有效的锻炼活动，指导社会公众科学合理地使用体育器材，引导社会公众开展运动后的放松活动。高校应建立选拔机制，对参与意愿较强的体育专业学生，重点考核他们的体育专业技能、理论知识并择优录取。与此同时，高校应聘请专业教师，定期对学生进行培训，确保学生的综合素养能够满足社会公众开展体育锻炼活动的需求，由学生负责体育场馆的卫生维护管理工作，定期保养体育器材，轮流看管体育场馆。将学生融入体育资源的运营管理工作当中，能够增强社会化运营的活力，降低场馆的运营成本，提升学生的综合素养，特别是实践能力，保障社会公众能够在专业的指导下开展科学有效的体育锻炼活动。

三、高校体育场馆社会化经营存在的问题

（一）投融资渠道单一，缺乏运营资金

现阶段，高校体育场地的建设大部分是政府投资，维护与管理都是由学校体育学院或体育部来承担，卫生则是由学校环卫工人进行。高校体育场馆社会化经营需要有专门的人员对场地、器材进行管理，场馆的看管也需要有专门人员值守，同时老旧器材的更换以及大型设施的维护，这些都需要大量资金的支持，投资渠道的单一使得人员投入与设施及器材更新换代无法保证，影响群众的运动体验感，一定程度上阻碍了体育场馆社会化经营。

（二）体育场馆管理人才欠缺

由于人才与资金欠缺，高校体育场馆的管理一直以来都是一个难题。大部分高校体育场馆的管理由体育学院或体育部负责，场馆的看管则由学校安保人员或退休人员负责，他们缺少场馆管理与维护知识，只是负责开

门与关门，确保器材与设施不丢失，起不到资源分配与对社会人员后续跟进服务的作用。高校体育场馆社会化经营需要有专业的场地管理人才对场地进行合理规划与资源合理分配，以及不同场馆的多样化管理与设施器材维护，来满足社会公众不同的体育需求。增加高校体育场馆管理人才是高校体育场馆社会化经营的当务之急。

（三）高校内部开放与社会化经营的矛盾

高校体育场馆建设的首要目的是满足教师教学与学生日常锻炼需求，每周一次的体育课根本保证不了学生身体素质提升的需求，学生课余时间的锻炼大多需要运用体育场馆及设施，尤其在天气条件较差的情况下，室内体育场馆就成了稀缺资源，体育场馆社会化经营，在对体育场馆有效利用的同时，也带来场馆人均使用时间及面积减少，尤其是室内训练场馆排不上队以及安全等问题。高校体育场馆资源面向学生内部的开放与对社会开放两者之间的矛盾随着社会化经营的提升而逐渐扩大，平衡和解决其矛盾是促进高校体育场馆社会化经营的重要手段。

（四）有偿开放与后续服务的问题

在共享经济下，高校体育资源的社会化共享同时牵扯着资金的来源与利用的问题，场馆的维护及管理都需要资金的支持，这就要求对外进行有偿开放，不同场地的收费标准不同，室内紧缺场地要比室外场地收费高，对民众进行收费就要提供他们所需的等值的体育服务。现行的高校体育场馆社会化经营并不太成熟，某些高校只是进行了有偿开放，但并无一系列的后续服务，所谓的“有偿”向群众解释为场地使用费，这就使得部分想进行锻炼但不懂体育知识的人群选择社会体育俱乐部。因此，有偿开放后，如果后续服务跟不上不利于高校体育场馆社会化经营的开展。

四、高校体育场馆社会化经营的路径分析

（一）完善社会化经营保障体系

共享经济视角下的高校体育场馆社会化管理模式虽然可以满足社会各界对体育锻炼的需求，缓解社会体育场馆数量稀缺压力、高校体育经费紧张等问题。但是，由于其发展时间较短，在前进过程中必然会遇到各种各样的问题。因此，就需要构建更加完善的保障机制，保证高校体育场馆社会化服务工作可持续开展。

第一，转移安全风险。共享经济本身就具有“陌生人”经济的特征，在该经济模式下，商业活动均建立在与互相不熟悉个体的交易上。基于

此，为了保证共享经济商业活动顺利进行，应在社会人员实名注册登录平台的基础上，引进保险制度，转移体育场馆社会化服务期间出现的人身安全、财产安全风险；同时争取政府在财政方面的补贴，提高自身抵御风险危机的能力。

第二，以市场为导向，建立多元化投融资渠道。高校体育场馆的社会化经营是面向大众走向市场化，需要迎合大众与市场的需求，以市场变化为导向，进行相应的改革。首先，高校向政府提出合理的需求来获取资金进行基础建设。其次，高校要与社会企业加强联系，吸引多方投资与赞助，同时在举办体育竞赛与表演时可以拍卖冠名权及发布广告来对企业进行宣传，进行“互利互赢”模式的合作，以达到企业长期投资的目的。最后，高校可以利用“贷款＋集资”的模式，将相关资源运用于现代化体育器材引进、维护、更新、修理方面，为社会公众提供更加舒适、安全的运动体验，保障体育场馆社会化经营活动有序开展。通过以上方式，可以促进高校体育场馆资源优势的形成，推动体育市场的发展。

第三，利用自身优势，培养和招聘相关管理人才。高校体育场馆资源社会化经营后，要提供给社会人员与在校学生共同使用，随着使用人数的大幅增加，就需要进行合理的规划与有效的管理。高校是高素质人才的集聚地，拥有大量优秀的体育与管理型的教师与学生，可以运用这些优势，对教师和愿意参与管理的学生进行定期的体育场馆管理培训，让他们对体育场馆的合理分配及体育器材维护与修缮有着足够的专业知识储备，以满足社会公众与学生的使用需求；也可以采用提升待遇的方式招聘专业的高素质复合型人才，对学校当前拥有的资源进行管理与分配，同时进行人才团队建设，形成自己的专业化团队，提高高校体育场馆社会化经营的效率。

（二）强化社会化经营专业管理

高校体育场馆社会化运营存在着诸多风险。比如，健康人群不恰当锻炼产生的锻炼伤害风险、不确定人群进入学校引发的安全风险、场馆器材不合理应用产生的锻炼伤害风险、经营不合理带来的财务风险等。为了避免和降低上述风险，高校应在保障体育场馆实时、科学对外开放的基础上，组建专业素养更加突出的经营管理团队。要组建高素养的专业管理团队，可以从以下三个方面着手。

第一，构建学生选拔机制。在高校体育场馆社会化经营阶段，高校内部体育教师、体育专业学生具有更加丰富的专业知识，可以满足社会公众体育锻炼时技术指导、运动后放松、器材使用等各方面需求。因此，高校可以在内部鼓励学生自愿报名参与体育专业知识、技能培训，经过考核，选择表现优异的学生组建服务保障团队，负责场馆卫生、值班、器材管理、器材维护等工作。团队成立后，每间隔一定时间结合社会大众反馈的服务需求，对相关人员进行培训，不断激发体育场馆社会化服务活力。

第二，引入平台间沟通交流机制。平台间沟通交流机制的构建，可以实时收集、记录社会公众体育锻炼需求及在体育场馆内的锻炼体验，为配套服务的更新完善、设施设备的维护更新提供参考，逐步形成一套更加严谨、科学、规范合理的场馆社会化管理制度。在这个基础上，高校还可以根据价格合理、环境良好、设施优良、服务齐全的标准，在平台上延伸增值服务，如在平台上搭建“注册教练库”，允许社会公众根据自身需求邀请教练或同伴，满足社会公众集体锻炼需求。

第三，建立“互联网+”场馆，合理分配场馆资源。提高场馆的利用率，保证场馆的科学合理使用，是当前高校体育场馆社会化经营的一项积极有效的措施。高校通过“互联网+”技术对场馆资源进行科学合理分配，首先需要对学校室内与室外所有的体育资源进行整合并进行编号，然后建立微信小程序，大众进入学校时进行注册并进行相应场馆的选择及预选，程序根据当前场馆所使用人数为用户提供建议及选择，保证用户能够明确自己可以进行锻炼的场馆有哪些，最后由用户提交申请并缴费进行入馆锻炼，同时该程序也可以为用户选择相关教练进行教学。通过“互联网+”技术能够保证高校体育资源的社会化共享，也提高了场馆资源的有效利用，减少了公众因场地分配问题而产生的纠纷。

（三）建立 O2O 运营平台

O2O 运营平台是共享经济视角下高等院校体育场馆社会化管理模式运营的重要组成元素，也是联系供给者（高校）、需求者（群众）的纽带。因此，在 O2O 运营平台建设过程中，高校可以利用互联网无边界、跨地域、海量信息的优势，整合消费方、供应方需求，缩短线上用户、线下商品与服务交易流程。利用更便捷、安全的支付方式，延伸无限制的增值服务，在需求者和高校间构建信任体系，为体育场馆资源转化、引流、反馈、存留、消费提供支持。

共享经济视角下，移动智能手机成为助推高校体育场馆社会化管理的有效载体。因此，高校可以聘请专业人士，构建依托智能移动通信设备的体育场馆网络平台软件。通过设计平台登录、身份确认、场地实时信息查询、可预订场地查询及预订、网络付款、出示证件经管理员核实后进入场馆、经管理员核实后通过门禁离开场馆等若干个流程，可以精准显示教学时间段场馆不可用信息并发布可用时间段、场馆剩余容纳量（已设定最大容纳人数减去已进入区域人数）、社会人群支付金额（按小时定价）、即将空闲时间段等信息。同时，高校也可以借鉴滴滴打车高峰加价的方式，分时段计费，达到分流社会人群的目的。需要注意的是，高校作为教育场所，其内部体育场馆向社会开放必然会带来外来人流量的增加，进而引发治安隐患。针对上述情况，高校可以借鉴铁路系统实名购买火车票乘车的经验，严格要求消费者实名注册并在进场时进行身份认证。在有条件的情况下，高校也可以与政府信用数据库对接，助力治安管理，对违法犯罪行为进行防控。

第三节　高校体育场馆经济发展模式创新探索

一、高校体育场馆经济发展的主要管理模式

体育场馆经济发展的管理模式，即体育场馆运营与开发的模式，是在长期的实践中，在经营与管理权限分配、盈利及利润分配方式、资产的结构等方面出现的不同的运营与开发方式。各类模式不具有严格的平行关系。体育场馆日常在提供体育服务产品给消费者的时候一定会产生必要的人力、物力和财力消耗，如果有了体育服务产品的营销，那就会有一定的补偿和盈余回报，但要想使投入与产出比例合理，只有使用科学的管理模式，才能使体育场馆的经营达到预期的目标。

（一）自主管理模式

自主管理模式也可以称为学校部门管理模式，主要是学校的体育部门、后勤部门或者其他职能部门单独或协作管理体育场馆，是现阶段我国高校主要采用的管理模式。自主管理模式是一种较为传统的管理模式，目标单一，在学校统一拨款的前提下完成场馆的基本使命即可，在预算范围内主要为校内的体育课程教学、训练、课外体育活动服务，主要任务是在课训时间内完成课前准备工作、服务工作和后勤保障工作，在其余时间几乎闲置，对外开放程度很低，盈利水平不高。有的高校会建立单独的职能部门对体育场馆进行日常管理，引入合同制的工作人员，弥补体育部门经验不足、精力不够的问题，在一定程度上提高了场馆服务质量和服务效率，满足了校内外的体育健身和活动需求。自主管理模式是一种所有权和经营权“两权合一”的管理模式，高校体育场馆的各项权利相对集中于高校自身。

（二）外包管理模式

外包管理模式是将体育场馆外包给个人或物业公司、专业的场馆管理公司进行全方位的管理。这是一种新型的专业化、产业化管理模式，在国外高校体育场馆管理中十分常见，但在我国采用这种管理模式的高校场馆较少。外包管理模式包括合同制和委托制，其中委托制方式包括承包、租赁、特许经营、BOT 四种主要管理方式。外包管理模式引入新的场馆管理理念，采用现代化的企业管理手段和方法，在保证学校办学效率的同时，充分发挥场馆的社会服务功能，更为合理地安排两者的使用时间和空间范围，有利于提高高校场馆使用率，同时增加经济收入，实现“以馆养馆、以场养场”的良性循环，但也有过度开发、过于追求经济利益而使场馆设施受损、影响场馆形象、干扰教学秩序的潜在可能。

（三）混合型管理模式

混合型管理模式是自主管理和外包管理两种模式的结合，学校部门保留场馆的核心功能管理，主管教学工作、高水平运动队训练工作、群体工作管理，以及场馆专业设备、器材的管理和使用，将清洁、安保、财务、对外开放等场馆相关维护功能外包给专业的物业公司、后勤管理公司管理，两者分工明确、相互协作配合，既使教师从日常维护工作中分离出来，专心教学事务，也使体育场馆可以有效运营，更专业地服务于体育教学训练活动，在有限制的对外开放中获得自主经营收益。

（四）委托经营模式

在体育场馆产权关系明确的前提下，按照委托代理理论，产权拥有方将体育场馆委托给专业管理公司运营，专业公司在实现产权所有人所规定的运营目标后，努力实现体育场馆经济效益的最大化。一般情况下高校体育场馆由政府出资建造，然后按照委托代理的思路交给专业公司“托管”，因此该方式也叫作“托管模式”，或者叫作“政府出资企业化经营模式”。这种经营模式在欧洲已经普及，尤其是那些专业化程度较高的或大型的体育场馆普遍采用，它既可以使体育场的体育功能得到充分的发挥，也可以在体育场馆的经营管理中融入新的理念及管理方式，提高体育场馆经营管理的科学化水平。

二、高校体育场馆经济发展模式创新的条件

（一）要清楚现阶段体育场馆经营管理中存在的问题

要实现高校体育场馆经济发展模式的整体发展，首先要对现阶段体育

场馆经营管理中存在的问题有所了解。体育场馆的管理者与经营者要对目前经营管理中的漏洞和问题有一个清晰的了解，这样才能够在改善问题的前提下把握大方向。经营管理人员要对公共体育场馆的未来发展给出明确定位，不断完善自身体育场所的功能，改善经营管理体制上的漏洞，对于目前我国的市场经济发展状况有一个大体的把握，并且要对普通民众对于体育场馆的需求进行调查。唯有如此，高校体育场馆经济才能够不断地发展，更好地适应现阶段的市场经济，从而在市场中找到立足之地；也才能够提高体育场所的功能，使普通民众能够更好地在体育场馆中进行锻炼，有效地提高高校体育场馆在公众体育锻炼中的普及程度，达到高校体育场馆长远发展的目的。

（二）高校体育场馆的管理者要积极转变传统的经营理念

目前，我国高校体育场馆的经营管理模式过于陈旧，往往在经济效益与社会效益中选择了社会效益而忽略经济效益。因此，高校体育场馆的经营者要不断改变自身的思想观念，改变传统的体育场馆管理理念，使其更加适应现阶段的社会主义市场经济的发展环境，使体育场所能够全面兼顾社会效益和经济效益。体育场馆的经营管理者要对经济效益有一个正确的认识，摒弃传统思想中对经济效益负面的印象，纠正体育场馆主要应该注重社会效益而忽视经济效益的片面认识。近年来，社会经济迅速发展，体育场馆的经济效益应该与社会效益共同发展。社会效益与经济效益两者相辅相成，社会效益的发展能够将体育场馆的优势推广到普通民众中，从而有效提升体育场馆的经济效益；而经济效益的发展有利于高校体育场所的建设与修缮，使民众得到更好的锻炼体验，从而从根本上提升体育场所的社会效益。因此，高校体育场馆经营管理者要积极改变自身的传统经营思想，使高校体育场馆经济得以更好地发展。

（三）要对专业型的人才进行合理的引进

优秀的专业型人才是现代社会发展的有效动力之一。目前来看，我国高校体育场馆的管理体系中专业型人才较少，且现阶段体育场馆运营中的问题比较多。这使得体育场所的经营管理模式在进行改革时缺少专业知识的指导，导致体育场馆在进行经营模式改革的过程中出现较大的方向性错误。因此，高校体育场馆的经营管理体系要进行合理的人才引进，从而能够更好地促进体育场馆经营管理模式的创新与完善。为满足民众体育消费的需求，现阶段体育场馆需要进行整体服务水平的提升，对于人才的需求力度也比较大，人才的引进能够为目前的体育场馆经营管理水平的提升提供新鲜血液，更好地发展高校体育场馆经济。高校体育场馆多为国有，经营管理的模式比较陈旧，专业型人才的引进能够有效帮助国有体育馆更好地在社会主义市场经济中进行发展，从而将公共体育场所的社会效益与经济效益带动起来。在优秀人才引进之后，高校要对其进行合理有效的人力资源管理，有效促进人才在体系中的归属感与成就感，从而能够在日后的工作中为改革提出更多的专业性建议与意见，促进高校体育场所经营管理模式更好地发展。

（四）汲取国外优秀的管理经验进行实际的创新

国外体育场馆经济已发展多年，我国高校可以对国外优秀的体育场馆管理经验和模式进行有效的借鉴，以更好地发展我国现阶段高校体育场馆经济发展模式。国外的体育场馆经济发展模式主要是以社会化为特点，在国民中的普及程度很高。但是我国体育场馆的产权属性不同，因此我国高校体育场馆的管理者要对国外的先进经验有正确的认识和鉴别，不能对其全盘接受，要对其中的优势与劣势进行分析，作出与我国国情相符的改革，并且对高校体育场馆经营管理模式的现状进行合理的匹配分析。

（五）进行体育场馆产业化发展改革

从广义上讲，我国的体育产业是在社会主义市场经济体制之下运行的社会体育事业。在社会主义市场经济体制之下，我们对于体育的投入由政府与社会共同来承担，同时相应地要求社会力量在体育资源的合理配置之中发挥基础性作用。在这个前提条件下，促进我国高校体育产业的不断发展不仅要强调对于高校体育事业在运作方式方面的转变，还要不断推进体育事业在业务成果方面的二次转化。高校体育场馆作为我国社会体育事业的一个重要组成部分，必须打破传统习惯的思维以及因循守旧、自给自足甚至是排斥竞争的经营与管理模式，严格按照社会主义市场经济的规律来办事，通过市场化与经营化以及实体化的要求，逐渐建立起符合我国高校体育场馆的集约化经营与管理模式，推动高校体育场馆真正地走向市场化以及产业化。

三、高校体育场馆经济发展模式创新策略

（一）创新体育场馆经济发展思路

创新是体育场馆经济发展的方向指引。要使高校体育场馆经济发展模式步入改革、创新的轨道，最大限度提高高校体育场馆管理效率，促进高校体育场馆功能和作用的发挥，需要大力创新体育场馆管理思路，只有这

样，才能提高体育场馆管理水平。高校应将体育场馆管理模式创新纳入高校管理体制改革中，着眼于强化体育场馆在体育教育、师生体育锻炼、助力全民健身运动、落实健康中国战略等方面的作用，对体育场馆管理工作进行科学设计和系统安排，努力使高校体育场馆管理更具有全面性、综合性和战略性。例如，为了有效解决体育场馆对外开放与体育教育冲突的问题，科学合理地安排时间，应当最大限度地保障体育教育的需求，在此基础上再进行开放。创新体育场馆管理思路，也需要坚持市场化与行政化相结合的原则，特别是要充分发挥高校的主导作用，研究制定更具有实效性的多元化管理制度，构建“以高校为主导、以社会为辅助”的管理模式，只有这样，才能确保体育场馆发挥作用。

（二）拓宽体育场馆经济发展领域

高校要想大力推动体育场馆经济发展创新，就要在拓宽体育场馆经济发展领域进一步加大力度，就是要将体育场馆经济发展工作纳入供给侧结构性改革中，强化“需求导向”，加大市场调查，及时调整收费标准，不断优化和完善服务项目。高校还要进一步拓展高校体育场馆功能，在满足体育教育需要的同时，将体育场馆规划建设成可举办大型体育赛事的规模水平，使其能够与城市发展进行有效结合，这对于提升体育场馆经济水平至关重要。在拓宽体育场馆经济发展领域方面，高校也需要将“管理”与“服务”进行有效结合，着眼于提升服务水平，将信息技术应用于体育场馆管理工作当中，运用信息技术、网络技术打造“高校体育场馆管理平台”，对高校体育场馆在实施体育教育、师生锻炼、社会开放、赛事举办等项目中进行信息化管理，最大限度提高高校体育场馆使用效率。

（三）打造体育场馆管理队伍

推动高校体育场馆管理模式创新，还要打造具有较强综合素质的体育场馆管理人员队伍。高校要切实做好体育场馆管理人员招聘、使用、培育、监督、考核等机制，强化体育场馆人力资源管理模式创新，推动传统的人事管理向人力资源管理转型，最大限度地提高体育场馆管理人员的能力和素质，引导他们积极参与体育场馆管理的改革和创新。高校还要进一步优化和完善体育场馆管理人员激励约束机制，将其纳入高校绩效考核中，制订科学的绩效考核方案，明确绩效考核指标。体育场馆管理人员也需要充分发挥自身的主观能动性，加大对新时代高校体育场馆管理改革的研究力度，不断优化和完善体育场馆管理机制，规范体育场馆管理流程，坚持以人为本，确立服务导向，以自身的实际行动最大限度地提升高校体育场馆的吸引力、影响力、凝聚力和战斗力。

(四) 完善体育场馆管理体系

健全和完善的体育场馆管理体系，对于促进体育场馆管理改革、创新、发展具有很强的支撑作用。因此，高校应当着眼于促进体育场馆管理模式创新，不断优化和完善体育场馆管理体系，努力使管理工作更加规范有序、更加富有成效。高校要大力加强高校体育场馆管理资源体系建设，着眼于构建体育场馆管理合力，本着“分工不分家”的原则，明确相关部门、相关单位、相关人员的管理职责，同时还要建立高校体育场馆管理协调机制，相关管理人员都要参与协调，共同研究和解决体育场馆管理面临的困境和问题，推动管理制度、管理方法、管理项目的落实。在完善高校体育场馆管理体系的过程中，高校也要大力加强管理制度建设，特别是要对现有的管理制度进行优化和完善，重点对服务流程、服务项目、服务内容、服务标准等作出明确和具体的规定。

四、基于服务全民健康事业的高校体育场馆资源管理创新途径探索

(一) 提高高校开展全民健身服务的意识

在当前体育强国背景下，国家尤为注重提高全体公民的身体素质，提倡开展全民健身事业、走健康中国路线，其目的在于强化全民体质、提高人民健康水平，实现国家的健康可持续性发展。高校是国家加快落实全民健身事业的最关键一环，在此过程中有着不可估量的推进作用。所以，高校更应积极认识到自身所占据的主导地位，通过优化体育场馆资源来提高自我服务意识和能力，以积极主动的心态融入群众服务队伍中，全面发挥自身的体育教育优势，为全民健身事业贡献力量。高校可以效仿其他试点院校的成功做法，主动面向社会开放体育场馆资源，以低价准许社会公众有偿使用专业化的体育场馆及设施设备，并安排专业教师或体育专业学生进行现场指导。当然，办学资本雄厚的高校也可以主动与周边街道社区建立联系，有针对性地宣传体育场馆资源，承担起高校的社会服务责任。

(二) 坚持以学生为主的原则

从教育本质上而言，高校的服务主体对象依旧还是大学生，因此高校不可本末倒置，忽视大学生应享有的权利和主体地位。高校必须一以贯之地坚持一切以学生为主的原则，将学生的实际需求摆在首位，然后再来实施资源的合理分配，选择恰当的时间和场地以供群众开展健身活动，同时

外借的运动器材应限量并及时做好登记，以防影响高校自身体育教学活动的开展。

(三) 建立合作共享制度

合作共享制度是高校与政府、企业等机构之间的一种合作方式。在全民健身管理模式中，这种制度可以使高校将体育设施资源共享，减轻场馆的使用压力，为社区居民提供更好的运动环境。

在具体实施方面，高校可以与当地政府、企业等开展合作共享。例如，高校可以将校内的体育场馆租赁给当地政府或企业使用，以此获得一定的经济收益。此外，高校还可以与健身中心等机构合作开设健身课程，让社区居民参加。这种方式可以让社区居民获得锻炼机会，也可以为高校提供一些经济收益，用于提高硬件设施质量，促进校园文化的传播和交流。对高校而言，合作共享制度有很多积极影响。首先，合作共享制度可以帮助高校更好地利用自身的体育设施资源，提高场馆的使用率和经济效益，为高校带来一定的经济收益；其次，合作共享制度可以增加高校与政府、企业等机构之间的合作机会，促进校园与社会的紧密联系；最后，开展健身课程等活动，还可以提升高校的社会形象和影响力。对社区居民而言，合作共享制度也是一种非常实用的全民健身管理模式。通过与高校等机构合作，社区居民得以享受到更好的运动环境和服务，提高他们的身体素质。同时，这种方式还可以增加社区居民与高校之间的交流与互动，加强相互理解和信任。

(四) 强化绩效考核的实施力度

假如高校体育场馆资源开展社会服务始终处在一种低收益水平上，毫无疑问很多高校将无力承担相应的维修管理经费，久而久之必会消磨掉它们的服务主观性，最终要么停止对社会公众开放，要么就让该项工作趋向表面化。

前文所提及的四种管理模式实则各有利弊，高校应结合自身实际情况合理拟订管理方案，最重要的一点还是得强化绩效考核的实施力度，重视评估方案中的社会和经济效益问题，以便出现问题可及时止损、调整方案。比如，体育院校的各种资源可谓最为先进和完备，但并不建议它们将所有体育场馆资源面向社会全面开放，毕竟很多专业性设备的价格很高，而社会人群往往不具备相应的操作经验，极易因操作不当而造成设备的人为损坏，这对校方而言也是一种极大的损失。因此，针对某些高端的健身设备，高校还应配备专业人员进行监督指导、有偿使用。

（五）加强风险管控意识和风险防控，制订突发事件应急预案

高校在体育场馆资源社会化的过程中，难免会存在各种安全风险问题，同时这类风险并非能以人的意志为转移，因此高校应提高自身的风险管控意识，合理采取措施，加以规避防范。比如，高校可借助校园官微、宣传栏、团课活动、微信公众号等开展风险防范宣传，使师生都能意识到其中可能潜在的风险问题，提高自身保护意识。此外，高校还应对外来社会人员开展必要的风险教育和宣传，要求他们必须以实名制身份登记入校，并在校园进出口发放宣传手册，以此督促他们自觉遵守校方的规章制度，在校内做到举止文明、爱护环境和公物。

如今我们处在一个信息化时代，社会很多领域都与信息技术密切关联，高校要加大风险防控的力度，可通过信息技术来提高其防控的科学性。通过构建在线信息系统平台，对所有入校的社会人群进行识别及身份登记，记录下他们每次进出校园的时间，通过在各体育场馆、校园重点公共区域安置摄像头，及时跟踪其行动轨迹，但凡有发生不良行为举动则可拍摄记录下来，以此提高他们的文明意识。还可通过信息手段分析校内各大体育场馆流量，在发现场馆可接待人数超出上限时，则可停止让群众入校活动。此外，高校还应与街道派出所建立合作，在校园内设立便民警务室，一旦发生诸如打架斗殴、违法乱纪等行为则可及时寻求援助，从而避免事态的进一步扩大。

安全风险总是无处不在并无法全面排除掉，因此高校还需积极制订突发事件应急预案。在遇到突发事件时，能够迅速按照预定方案，进行有序应对，避免混乱和延误，最大限度地减少人员伤亡和财产损失。比如，在预警方案中，高校可安排校医务人员 24 小时值守，相关人员在第一时间赶赴现场处理善后工作，现场管理人员及时疏散场馆逗留人员，再来针对突发事件中的肇事者及问题展开了解和排查，并联系派出所进行执法处理。高校应多借鉴并总结其他院校的有效做法和经验，就高校体育场馆中可能出现的问题进行提前预演和防范，尤其是一些场地设施的安全隐患可提前做好规避，增设场馆警示标语，如“禁止触摸”“严禁吸烟”“轻拿轻放”等，这些会起到很好的预警作用。

五、高校体育场馆复合功能经济效益开发的创新探索

在复合功能体育建筑的规划设计中，高校不仅应考虑满足举办各种大规模体育赛事的需要，还应充分考虑体育产业化的需要，规划建设经营用房及部分体育功能用房，以满足多功能使用以及赛后综合利用，以场养

场，以馆养馆。利用复合功能体育建筑配有大型停车场和商业用房的优势，使其兼有旅游集散地的功能，以此带动周围地区城市的发展，形成多种产业综合开发与互动发展。传统高校体育场馆虽然位置上多在校内，服务对象也多以校内学生为主，但随着社会化经营的开展，高校体育场馆在构建、扩建以及功能完善过程中也应纳入体育建筑的复合功能。结合市场调研的成果发现，高校体育场馆复合功能经济效益开发的创新探索可以从以下几方面进行。

（一）主动开展多样化的文体活动

文体活动主要包括体育赛事、文艺演出及其他活动（如公司年会、慈善活动、晚会、中学运动会等）。举办体育赛事和文化演出活动是体育场馆的主要功能，如承办中国大学生篮球联赛（CUBAL）、中国大学生足球联赛（CUFA）、全国大运会等比赛，可以保证场馆的基本场次和观众来源，且成为支撑场馆正常运营的主要收入。高校在举办赛事和活动的同时还可以利用其社会效应，进行广告宣传活动，包括室外固定广告和比赛场内广告等。

（二）提高商业演出、体育赛事的收入比重

随着体育产业、文娱产业的快速发展，国内已经涌现出一批出色的体育文娱产业整合服务商。这类企业一般专注于从事文化体育服务业的经营，具有丰富的运营管理经验，多数已经成为集场地经营开发、场馆管理、赛事运营、体育培训、商业运作等项目于一体的综合性服务商。高校体育场馆经济的开发，应当由“专业的事情由专业的人来做”，与国内知名的专业化服务商从长远角度开展合作，让利于这些服务企业，提高商业演出、体育赛事的场次，最大限度地实现体育场馆的商业价值，从而提高体育场馆的运营效率。

（三）结合本地特色开展体育运动服务

除日常的体育运动项目外，不同地区可以考虑结合本地特色、体育优势、体育特长，开展独特的体育活动。以下思路可供参考：①自创体育品牌俱乐部，主要指相对冷门的项目，如击剑、蹦床、搏击、VR 虚拟体育馆等，引进国家队退役运动员，开展专业的体育培训。②全视角体育布景，打造博物馆式运动场所。将体育文化、体育历史溯源、体育人物等相关元素融入体育公园、商业街区的各个角落，打造一个具有浓厚历史文化氛围的运动休闲娱乐场所。③利用屋顶空间，规划大面积观赏性都市农场，市民在体育运动之余，还可享受生态美食。

（四）房屋租赁、广告资源和会展招租

一方面，商业用房招租，主要位于体育场外围、训练场外围、网球中心等，可以引进高档汽车品牌入驻展厅，可以引进体检、体育用品品牌商户，可以配备中小型餐饮。另一方面，重视特约商户、特约餐饮公司、特约体育用品公司、特约健身公司、特约专业运动公司（如滑冰俱乐部等）等，这些都是长期稳定的高端合作伙伴。

六、高校体育场馆众筹商业模式创新探索

随着公众体育需求的增多及需求内容的多元化，高校体育场馆因开放度低、运营能力弱等问题已不能满足社会运动需求，更无法达到现阶段高校体育场馆公益性与商业性共同发展的要求。高校体育场馆传统的商业模式暴露出类似于体育场馆开放度不够高、管理不够专业、运营能力低下、盈利能力不强等问题，众筹的出现给高校体育场馆的运营带来了新的机遇与挑战。高校体育场馆可以结合众筹这种现在流行的资金运作新方式，对自身原有的传统的商业模式进行变革，突破以往的盈利瓶颈，实现高校体育场馆的营利性与公益性相结合。

（一）高校体育场馆众筹模式的发起

现有的高校体育场馆建造费用大部分来自政府财政补贴，并且已完成建造，均有条件投入使用，只是营运环节的某些问题导致其运营效率低下而入不敷出。其运营过程中主要费用支出就是设施维护费用，所以，对现有的高校体育场馆发起众筹，按照其资金用途可分为三类：第一类是体育场馆重建大型项目众筹；第二类是日常体育场馆设施维护费用众筹；第三类是具体的体育项目众筹。

若现有体育场馆损毁严重，不能满足日常使用要求，需重建，高校则可发起第一类体育场馆重建众筹；若想筹集费用用于体育场馆平时设施维护，则可发起第二类体育场馆设施维护费用众筹；第三类是体育场馆经营管理人员有一些好的体育项目创意，但受到资金的制约而不能开展，同时资金问题又阻碍着体育场馆为公众提供更好的服务，可以通过众筹这种大众化的融资方式来完成。

（二）高校体育场馆众筹模式的选择

众筹分为购买式众筹和投资式众筹，购买式众筹包括捐赠式众筹和奖励式众筹两类，投资式众筹分为股权模式众筹和债券模式众筹两类。由于我国法律规定，众筹不支持以股权、债券、分红、利息形式作为回报的项

目，否则有非法集资之嫌。所以，我国只能进行捐赠式众筹和奖励式众筹这类购买式众筹。

1. 高校体育场馆捐赠式众筹

捐赠式众筹是指投资者对发起的众筹项目进行无偿捐赠，并不会获得实物的回报。常见的捐赠方式就是出资捐赠，如发动社会上的健身爱好者和慈善机构自愿捐赠。此外，捐赠式众筹还可以通过志愿者捐赠为众筹项目奉献自己的力量。如当高校体育场馆举办一些赛事，因资金短缺而缺少布置赛场以及赛场座位引导、维持秩序的工作人员的费用时，则可以在网上发起众筹志愿者的帖子，这样既可以使更多的人参与体育社会实践活动，又可以节省体育场馆的人力资源及支出费用，一举两得。

2. 高校体育场馆奖励式众筹

高校体育场馆发起众筹时，按照支持的不同金额予以一次性回报，学校体育场馆一般会承办一些体育赛事或文艺演出，可以选择以活动的门票作为回报。

（三）高校体育场馆众筹模式的专业化运作

随着“众筹”这一第三方平台的介入，为保证众筹款项的合理利用，高校可以聘请专业的体育场馆运营团队来运作。运营团队可以在众筹前对所需资金进行合理的估算，众筹结束后对资金的应用也能做到专款专用、公开透明。专业的运营团队不仅可以在资金分配使用方面给出合理的建议，也可以在体育场馆日常事务管理方面作出周密严谨的规划。在场馆开放制度的制定、运营方式的改进、众筹的具体事宜、学校安全问题等方面，高质量的团队都会多角度充分考虑，提供更专业的服务，作出更专业的决定，学校可以更省心、更放心。

第四节　高校体育场馆运营的经济风险

在市场经济背景下，各市场经营主体所面临的风险呈现多元化趋势，其中经济风险对企业的发展带来极大的影响。同理，高校体育场馆的运营发展处在市场经济体制下也会面对多种多样的风险。不过和企业相比，高校体育场馆所面对的风险具有相对性，其在运营当中的风险具体会在盈利上体现出来。

一、体育场馆运营经济风险的概念

体育场馆运营经济风险是体育经营经济风险的一种，因此，要认识体育场馆运营经济风险的概念应先明确体育经济风险的概念。体育经营不善导致的经济风险指的是体育经营单位在开展运营活动的过程中因为存在不确定因素而给单位带来的经济方面的损失。其中所提到的不确定因素在经营上可以划分为成功与失败这两个因素。成功的经营能够让单位获得良好的经济效益，并且获得良好的发展，但是经营失败则会招致巨大的损失，甚至直接关系到体育经营单位的生死存亡。体育场馆运营不善导致的经济风险指的是体育场馆在面向社会开放过程中遇到的风险问题。体育场馆经济风险出现的原因多种多样，其中主要原因有内外部环境存在不确定因素、经营服务以及相关管理活动特别复杂、体育场馆对部分活动的组织实施能力有限等。

二、高校体育场馆运营风险的类型

高校体育场馆运营风险按不同划分标准可以划分出不同类型，按风险产生的范围可分为内部风险和外部风险，按风险产生的原因可分为技术风险、自然风险、人为风险。

内部风险主要是指高校体育场馆自身具有的风险。内部风险可以细分为以下三类：第一类为产品风险，也就是说高校体育场馆所提供的服务产品的风险，其中主要包括产品结构风险、新产品研发风险、产品竞争力风险等。第二类为财务风险，也就是高校体育场馆财产受损的风险，这里所提到的场馆财产包括有形资产以及无形资产两大类。第三类为营销风险，也就是高校体育场馆在进行营销过程中产生的风险，具体包含营销能力与售后服务风险这两个部分。

外部风险主要是指高校体育场馆在外部经营实践当中产生的风险问题。外部风险通常可以细分成三类：第一，微观外部风险，主要指的是高校体育场馆外部环境以及与场馆经营直接产生关联的个体给场馆经营发展所带来的风险。其中，极具代表性的有供应商风险、顾客风险等。第二，中观外部风险，主要指的是高校体育场馆中观外部环境给场馆经营发展带来的经济风险。第三，宏观外部风险，主要指的是与高校体育场馆宏观环境相关的社会与经济环境风险。

技术风险，即高校体育场馆在推进社会实践活动时因为技术方面不能满足要求而影响到体育消费者的利益和需求满足，进而招致经济损失的一种风险。

自然风险，即因为自然力的不规则变化给高校体育场馆经营发展带来的经济损失，事实上自然风险问题是常常出现的。在各种不同种类的风险中，保险人承保最多的就是自然风险。自然风险由于具有不可控性、周期性以及共有性等特点而受到人们的高度关注。

人为风险，即由于社会或者校内体育消费者的不良行为而为场馆经营发展带来的经济损失。

三、高校体育场馆规避经济风险的方法

在市场经济体系中，高校体育场馆不管是在经营管理理念还是在经营管理模式方面，都缺少相关的实操经验和能力，假如盲目进入市场的话，很容易被市场淹没，从而在经营发展中遇到极大的风险，特别是经济风险，甚至会导致不可逆转的后果。面对这样的情况，高校体育场馆要想真正规避在市场适应和发展进程中的诸多风险问题，必须积极完善风险规避的策略体系。高校体育场馆在经营管理实践中提高对风险管理工作的重视程度是为了更好、更及时地发现其中的风险和问题，将风险扼杀在萌芽状态，或者是尽可能地把风险造成的危害降到最低，趋利避害，有效提高风险管理有效性。

（一）高校体育场馆经济风险管理的概念

经济风险管理是高校体育场馆经营管理工作中必须把握的重点内容，要求在场馆经营管理过程中有效控制因为突发和预期之外的特殊事件给场馆带来的有形与无形损失的可能性。本节中讨论的风险问题主要有场馆形象和声誉受损、遭遇经济损失、影响场馆发展前景与未来经营。

（二）制订高校体育场馆经济风险管理计划

纵观目前高校体育产业的发展现状和所处的发展阶段，我们必须清醒地认识到高校的体育产业发展还非常不成熟，正处在初级发展阶段，相关制度措施还没有真正建立起来，同时存在系统不完善和体育经济发展模式不科学的问题，因此在管理领域有着很多亟待解决的问题。正是因为这些因素的存在，高校在发展体育产业的过程中面对的经济风险是十分严峻的。尽可能地控制与减少经济风险，引导高校体育产业进入一个蓬勃发展的新阶段，这是高校在发展体育经济过程当中需要积极思考的问题，而解决这个问题的一个重要方法就是科学制订风险管理计划与方案。

在风险管理工作的具体实施中，做好风险管理计划的设计是最为关键

与必要的环节，通常可以将计划制订分成三个重要阶段，分别是风险确认、评估与处理阶段。这三个阶段统一在风险管理计划中，而每个阶段之间都是彼此关联的，缺少任何一个部分都是无法有效规避风险和保证风险管理效果的。在制订风险管理计划的过程中，场馆管理者必须注重把这几个阶段与场馆运营的模式、管理理念整合起来，做好面向广大体育消费者的调查调研工作，以便在此基础之上确定体育场馆面对的经济风险，并尽可能把经济风险降到最低。

1. 风险确认阶段

完成风险确认是做好风险管理的第一个阶段。所谓风险确认，就是要对高校体育场馆在经营发展过程中有可能出现的经济风险问题进行有效预测。高校体育场馆可以选取的风险确认方法有很多，通常情况下，应用广泛且效果比较突出的有以下方法：面向社会以及高校内部的体育消费者，通过调查问卷或者其他调查方式了解他们对高校体育场馆管理工作的意见与建议；对体育场馆各个方面的设备设施情况进行全面检查，并做好检查结果的评估和总结；引导内部员工进行密切的沟通交流，使他们能够立足实际，说清楚在运营当中遇到的问题和发现的问题。确认风险的重要目的是发现风险的主要因素与次要因素，为风险评估与处理奠定坚实基础。风险的主要因素主要是指内部管理部门以及管理人员；次要因素主要包括自然灾害以及广大体育消费者。高校体育场馆在整个经营管理过程当中，随时有可能出现风险问题，不论发生的风险是大还是小，均会产生一定的经济损失。面对这种情况，高校体育场馆管理者必须提高对风险确认工作的重视程度，以便有效采取应对措施，减少风险，使高校体育场馆在经营管理中拥有一个良好的环境。

2. 风险评估阶段

在完成风险确认工作之后，接下来需要做的就是要积极进行风险评估，特别是要合理把控风险评估对象。风险发生频率与经济损失强度是风险评估的主要对象，也是在评估工作中需要着重把控的问题。风险属于潜在性的危险因素，这样的危险因素一直会在高校体育场馆运营中存在。在对这样的问题进行风险评估时，管理者必须结合以往事故的情况与过去的经验进行有效判断。一般而言，风险发生频率有经常发生与很少发生两种，经济损失强度有低度、中度以及高度三种。不管高校体育场馆开展怎样内容与形式的体育项目实践活动都是有风险问题存在的，这就对管理者提出了更高的要求，需要其提高对风险问题的关注度。

3. 风险处理阶段

在整个风险管理计划体系中，最后的工作步骤就是要做好风险处理工作。风险处理的主要工作事项是对确认与评估完毕的风险进行优化处理，通过这项工作的实施降低经济风险，减少高校体育场馆的损失。风险处理方法有很多种，选取的方法必须和风险管理规律相符，同时要考虑到高校体育场馆的经营管理现状和管理需求。具体来说，风险处理方法有以下几种。

（1）降低风险法。这一方法在高校体育场馆经营风险管理中居于核心地位，也是风险管理中最为常见的风险管理策略。场馆经营者首先要意识到风险是切实存在的，而且是一直存在于高校体育场馆经营发展活动当中的。在此基础上，场馆经营者要积极运用有效方案和处理措施，降低事故出现的概率或者减少事故带来的负面影响与经济损失。具体来说，场馆经营者可以通过完善安全管理、做好体育器材维护保养以及更换工作等策略来降低经营风险。

（2）回避风险法。这一方法更常用在发生频率高、易造成严重不良后果的经营风险的处理中。风险管理者在把握场馆经营管理中的各种问题时一定要在风险出现前做好风险的预防工作，建立完善的风险预防机制。实际上，有很多风险一旦出现就会造成严重后果，因此在开展体育实践活动前，风险管理者就要做好对这项活动风险问题的全面研究和分析。假如风险是可以处理掉的，就必须立即处理，然后再组织开展体育实践活动。假如风险所引发的后果非常严重，组织者没有承担风险及其后果的能力，那么就要取消活动，进而回避风险。

（3）转移风险法。转移风险方法是高校场馆经营管理当中常常选用的风险处理手段。具体的含义是管理部门在推动市场化进程中，利用购买保险等方法处理经营风险，把组织体育实践活动等过程中遇到的风险尽可能地转移给个人或其他组织。购买相关保险是高校常用的降低与转移风险的方法，需要经营者或者活动组织者支付保险费用。在购买相关保险的前提条件下，如果在体育活动中出现事故或者造成经济损失，保险公司就会承担事故的经济赔偿，从而保障场馆经营者的利益。

（4）风险保留法。这一方法通常用在风险发生频率较低以及造成的损失比较小的体育活动的风险处理之中。高校体育场馆在实际的运营管理中通常会保留部分资金用来弥补消费者在参与体育实践活动中遭受的损失。不过这些损失通常是比较小的，也不经常发生，而且出现的风险后果是可控的。常见的风险保留法实施形式是提供基本紧急救护，给消费者提供一定的经济损失补偿等。

第五章　高校体育赛事经济发展科学探索

第一节　我国高校体育赛事的商业化运作

一、我国高校体育赛事商业化概述

(一) 相关概念

1. 高校体育赛事

高校体育赛事以在校学生作为主要参赛者，可提高高校体育竞技水平，满足高校体育发展要求，是具有一定关注度的体育赛事。体育赛事的规模以及水平决定了体育赛事的操作要求及对外影响程度。体育赛事的类型体现了体育赛事的性质及赛事自身的特殊部分。每一种体育赛事都具备相应的规模、水平和类型，三者相互融合，形成了赛事的具体风格。将高校体育赛事规模和水平作为主要评估标准，可以将其划分为大型赛事、一般赛事和小型赛事。大型赛事指的是对当地经济产生影响，并且具有一定媒体传播范围的体育赛事，如世界大学生运动会、世界大学生冬季运动会以及全国大学生运动会等。其主要表现为参赛人数众多、出席人数众多、公共财政的参与度非常高、媒体覆盖面广、影响力大以及目标市场广阔等。一般赛事及小型赛事的规模及水平不及大型赛事，但是也可以吸引一定的观众和媒体报道，形成相应的经济效益，主要包括当下全国大学生相关锦标赛，如中国大学生阳光体育游泳锦标赛、中国大学生篮球联赛等相关体育赛事。这些赛事具有一定的市场吸引力，很多体育企业和品牌都非常乐意对这些赛事进行投资。

2. 商业化

一般认为，商业化指的是使用生产产品的方式，将营利作为主要目的的一种行为，而体育赛事需要满足市场经济发展的要求，适应市场发展趋势。体育商业化指的便是将体育竞技作为主体的各种体育活动，通过商业化的运行模式，得到最大的经济效益，来推动体育运动的发展。

3. 高校体育赛事商业化

从市场经济的角度来看，高校体育赛事的商业化是产品或服务实现价值交换的过程。在此过程中，商家、观众及其他相关组织是购买赛事产品或服务的消费者，赛事的组织者、管理者是产品或服务的提供者。作为一种商品，高校体育赛事组织学生运动员进行高水平的比赛，以实现运动员的体育竞技价值，并满足观众的观赏需求。高校体育赛事拥有大量的无形资产，具有较高的观赏价值与商业媒介价值。因此，高校体育赛事商业化的本质，是高校体育赛事的商业媒介价值与观赏价值通过市场而实现价值交换的过程。

目前，我国高校体育赛事大致可分为全国性单项比赛、全国性综合运动会、地方性单项比赛与地方性综合运动会。我国高校体育赛事的项目主要集中在篮球、足球与排球这三大类上，其中，篮球与足球项目特别受商家的关注与偏爱。1998 年举办的中国大学生篮球联赛是我国高校体育赛事中首个采用商业化模式运作的大学生联赛。随后，为给中国足球队培养高素质运动员，中国大学生体育协会和飞利浦公司于 2000 年共同举办了中国大学生足球联赛。自此，高等学府的莘莘学子拥有了属于自己的足球联赛，同时，也能在绿茵场上向人们展示这些青年人的另类风采。有将近 1000 所大学参加了中国大学生篮球和足球联赛，使篮球和足球运动在高校学生中的普及与发展达到了新高度，而这两个项目渐渐形成了高校体育赛事商业化的雏形。高校体育赛事商业化的成功，离不开大学生的积极参与和社会对高校体育赛事的热切关注。

此外，还有一个不可忽视却又容易被忽视的忠实观众群，即参赛学生的家长、亲属和老师，他们会通过各种途径关注赛事、观看比赛，如报纸及相关杂志、现场直播或转播，乃至到现场观看等。事实表明，在高校体育赛事商业化的进程中，观众群体对体育赛事的关注推动了高校体育赛事商业化的进程，也吸引了商家投资赞助。

（二）我国高校体育赛事商业化形成过程及原因

我国社会主义市场经济体制的建立为高校体育赛事的商业化运作提供了有利条件，并确立了方向。我国的基本国情决定了高校体育赛事向商业化推进的深度与广度。我国高校体育赛事面临着资金短缺问题，有些比赛甚至依靠各参赛队的参赛费维持，主办单位将经费短缺的困境转嫁给了各参赛高校。而商家敏锐的目光纷纷投向体育赛事市场，不惜重金潜心而又精准地研究市场，从而促进产品销售，提高企业及产品知名度，增大市场份额等。自高校扩招政策实施以来，我国高校门槛降低，生源增多，大学生市场空间广阔。高校体育赛事的商业化运作为各大商家提供了平台，也创造了机会。

我国高校体育赛事商业化的形成过程大致可分为三个阶段。

第一阶段。在计划经济模式的背景下，高校要承办赛事，需要向上级部门提出申请，并得到一笔由教育部下批的办赛经费。此时的高校体育赛事以促进体育教学与丰富学生生活为主，盈利不是目的。

第二阶段。从 20 世纪 90 年代开始，赛事分为计划内赛事和辅助性赛事，大部分赛事开始实行按差额拨款，由承办单位自行筹集资金。而承办单位大多靠拉企业赞助来进行资金的筹集。商家的“觉醒”、人情关系网和政府的大力支持是促进这一时期高校体育赛事商业化运营的主要因素。

第三阶段。21 世纪，高校体育赛事商业化的观念逐渐深入人心，赛事商业化进入全新且有序的发展阶段。目前，我国高校体育赛事的商业化仍然处于不断摸索、发展和健全的阶段。商家积极地关注并陆续参与高校体育赛事，为体育赛事经济的发展注入了活力，同时对企业的发展、品牌形象的树立和知名度的扩大也具有很大的推动作用。

我国高校体育赛事商业化的促进因素主要有两点，即市场经济体制的改革与国家各项政策法规的实行。

我国于 1992 年确立了社会主义市场经济体制，作为体育改革重要内容的“体育产业化”，得到社会各界和政府的一致认同。体育比赛从过去单纯由民间组织或政府提供公益性无偿服务，逐渐发展为一种商品进入市场，既能满足人们观赏的需要，又能实现产品的交换，从而使各种需求得到满足，使体育赛事的价值得以实现，也使商家获得了一定的利润。1998 年，中国大学生篮球联赛为我国高校体育赛事的商业化打响了第一枪，随后足球、排球、健美操等高校体育赛事也都有计划地开展起来，并面向社会招商，取得了良好的经济效益。另外，我国市场经济的快速发展加速了高校体育赛事商业化的进程。所以，在高校体育赛事商业化的过程中，经济体制的改革具有推动作用。

国家体育总局、教育部 2014 年 3 月印发的《体育传统项目学校管理办法》指出：“传统项目校应当面向全体学生，因地制宜地组织开展丰富多彩的学生体育活动……传统项目校运动代表队应当积极参加上级体育、教育部门组织的体育竞赛活动。"这一文件引起了高校、学生及社会的重视，使高校体育赛事得以顺利开展。在新形势下，为适应我国体育事业改革和高校体育教育发展的需要，高校应加强高水平运动队伍的建设，为国家培养全面发展的高素质体育人才。教育部 2022 年 2 月颁布的《关于进一步加强普通高等学校高水平运动队建设管理的意见》，为大学生体育赛事的商业化提供了政策支持。高校教育改革的不断深化与国家相关政策法规的颁布及落实，为高校体育赛事的商业化奠定了基础。根据国家相关的政策与法规，在已经开展高校体育赛事的基础上，对高校学生体育竞赛的制度和办法进行了规范与完善，开展了丰富多彩的高校体育赛事活动。

（三）高校体育赛事商业化的作用

高校体育赛事商业化的作用主要体现在以下三点。

第一，为企业的发展提供商机。自我国高校施行扩招政策以来，大学生人数逐年增加。对商家来说，大学生无疑是一个很有市场潜力的消费群体。然而，由于高校学生经济尚未独立，还处于消费的初级阶段，赞助商相对容易在这个消费群体中建立起体育赛事品牌知名度，并提高客户的消费忠诚度，该群体成为赞助商的产品及服务的主要目标客户和未来市场的潜在客户。因此，赞助商从长远考虑投资高校体育赛事，可以达到企业利润增长的目的。

第二，丰富校园文化生活。对高校体育赛事的承办或参与，不仅可以使高校师生与社会大众观赏到精彩的体育比赛，还提供了学习和交流的机会。体育赛事丰富校园文化生活的价值甚至超出了体育赛事本身的价值。高校体育赛事的举办，既能激发大学生的体育锻炼动机，又能增强其体育学习的兴趣。通过体育学习与锻炼，大学生身心得以协调发展，同时增强师生的健身意识，对校园文化的建设产生积极影响。

第三，扩大高校知名度。改革开放以来，人们越来越关注体育赛事，而高校体育赛事属于体育赛事的一部分，同样也受到社会的高度关注。高校体育赛事通过报纸、电视、网络等多种途径传播，为展示高校风貌与学子风采，以及为高校的对外宣传提供了一个良好窗口，在很大程度上提高了高校的知名度。

（四）高校体育赛事产品的定义及特性

1. 高校体育赛事产品的定义

产品是为满足人们的身心需求而产生的，哪里有需求，哪里就有相应的产品。高校体育赛事商业化的核心要素是体育赛事产品，体育赛事产品和服务的好坏决定着商业化的成功与否。体育赛事产品源于人们对体育消费的需求，所以将体育赛事作为商品进行商业化运营，能产生一定的经济效益。体育赛事产品是为满足消费者个性化需求而提供的一种特殊服务，通过展示运动员在各种形式的体育运动项目比赛中的技术水平，满足消费者的观赏需求。所有产品都是围绕比赛而展开的。目前，体育赛事所提供的产品，主要分为核心产品与衍生产品。核心产品是竞技运动项目的综合过程，通过运动会的市场影响力、运动竞赛的赛场氛围、运动比赛的结果等表现出来，如比赛门票与赛事纪念品的销售等都属于核心产品。而衍生产品是指在竞技赛事核心产品的生产过程中，依托核心产品而派生出来的产品，像网络视频、体育彩票、电视转播、赛事邮票等。总之，体育赛事产品是指在体育产业化、职业化与商业化的时代环境中，提供的一系列体育赛事产品或服务等，以满足客户的观赏、实购、冠名、派生等多元需求。

2. 高校体育赛事产品的特征

在体育产业中，体育赛事作为最受关注的焦点，其产品必然有着广阔的市场，而市场运作与营销的效果都受其产品特性的影响。体育赛事一般具有生产特性、价值特性、消费特性与社会特性。

（1）生产特性。在经济学中，生产是指将投入的资源经过改进性加工或重新组合而转化为产品的过程。赛事产品的生产特性包括不可控性、举办唯一性与经营特许性。体育赛事的不可控性是指由于环境、天气、氛围等因素的改变，使得赛事过程无法被精确地预料，不到比赛的最后，难以对赛事结果作出准确的判断。体育赛事的举办唯一性是指举办的赛事不可能完全相同。也正因为如此，观众能够通过不同的赛事得到不同的观赛体验。体育赛事的经营特许性是指赛事产品的经营需要国家体育赛事委员会授予的特许权，进而对赛事产品的标识、名称、奖牌、会歌、会徽、吉祥物等使用权进行保护，经营者还可以利用体育赛事产品本身的附加值，开发与体育赛事有关的各种特许商品或增值服务，如赛事装饰品、纪念品、服装等。

（2）价值特性。体育赛事作为一种产品，具有商品的特征。其中凝聚着运动员的劳动成果，即竞技能力及心智发挥，这是其内在价值；其外在价值包括观赏价值与商业价值。对赛事产品价值特性的认知及把握是有效挖掘赛事价值的前提。体育赛事产品的价值特性包括价值时效性与价值衍生性。价值时效性是指即使是同一赛事信息，在不同的时间地点，其市场价值也会不同。因此，在比赛中的不同时间地点，广告费用也会不同。一般情况下，市场价值的高低与赛事信息发生时间地点的远近成正比。体育赛事的价值衍生性是指其具有二次出售的特性，这种特性蕴含于再生产过程中。当今世界，随着体育赛事的产业化、商业化，很多企业以体育赛事的影响力作为载体，以宣传自身的企业形象。

（3）消费特性。消费是指为了满足人们自身的欲望与需求而对相应商品或服务的有偿获取。体育赛事产品的消费特性是指通过对赛事产品的使用价值进行销售来获取经济收益的商业行为。体育赛事产品的消费特性包括消费主体的多样性与消费过程的不可逆性。体育赛事产品的消费主体呈现出多样化，主要有观众、网络、博彩、企业赞助及电视传媒五大类。不可逆性是指一旦比赛开始，比赛的进程无法逆转或重复进行。由于对体育赛事产品或服务质量的体验及判定，伴随着消费的过程而产生，因此，赛事产品的不可逆性，还体现在消费者一旦购买了产品，就只能接受，无法更换，更不能退货。

（4）社会特性。体育赛事的社会特性是指体育赛事具备的文化性、地域性与垄断性等。体育赛事的文化性是指赛事的体育精神及价值取向，也被称为体育赛事的灵魂。体育赛事的地域性是指体育赛事会受到比赛举办地风俗、人文环境及大众的体育爱好等影响。体育赛事产品不同于一般的消费品，其具有很高的市场垄断性，往往由赛事运营商或赛事组织委员会进行统一管理，严禁任何未经允许的组织或个人随意买卖。

二、我国高校体育赛事商业化存在的问题

（一）参与人数较少，宣传力度严重不足

高校体育赛事的受众群体对赛事的影响力具有决定性作用，因此也对合作企业的投资回报收益有决定性作用。目前，受众参与体育赛事的最直接方法当数现场观看体育竞赛，但是从现状分析可知，我国多数高校体育赛事观众较少。同时又对互联网在线观看人数数据进行调查，发现年度高校体育赛事的关注度并不高，一些高校体育赛事在线观看人数多则上千人，少则几百、几十人。因此，相较于发达国家高校体育联盟，我国的高校体育赛事关注度及群体数量仍存在较大的差异。对企业是否考虑投资来说，体育赛事的群体规模也具有一定的参考价值。如果没有观众，势必无法保证赛事的顺利进行，不符合大众文娱生活的需求，企业便失去了投资的兴趣，这会对高校体育赛事顺利进行造成严重影响。

目前，我国高校体育赛事的主要宣传方式为校内外线下宣传模式与互联网平台线上宣传模式，但是存在宣传力度不足的情况，对存在参赛意愿

群体的观赛行为有较大的影响。虽然我国高校体育赛事均不需要门票，观众可以免费在现场观看，但是观众人数仍然非常少。对某高校体育赛事进行走访调查可知，体育馆中的比赛十分激烈，但是校内大多数学生甚至不知道本校正在举办体育赛事，这便是宣传力度不足的直接表现。高校体育赛事商业化的资金主要来源于合作企业及消费者。如果赛事有着较高的影响力，企业也会更加愿意投资，但是主办方如果没有激发起消费者的兴趣，无法调动潜在消费需求，提高赛事影响力，就会导致企业的收益甚微，失去投资兴趣。

（二）人们对高校体育赛事关注度低，赛事缺乏对商机的把握能力

企业经营的目标是获取利益，必然重视投资得到的回报，因此其在投资时会首先考虑赛事的受众群体。如果受众群体对赛事的关注度较高，必然会增加赛事的影响力，那么赛事也会具备较高的商业价值。例如，具有较高影响力的美国大学生体育联合会，除最受关注的橄榄球之外，其他项目如篮球、足球也具备一定的受众群体基础。但是，我国除足球、篮球外，其他备受瞩目的运动项目少之又少，导致媒体文娱等信息传播功能受限，高校体育赛事的影响范围缩小，不利于体育赛事的全面开展。

高校体育赛事组织者及合作企业对于赛事商业化发展的水平具有决定性作用。合作企业首先会对赛事的影响力、知名度等外在表现程度进行评估，深入了解其投资价值。高校体育赛事对足球、篮球的重视吸引合作企业对这两项进行投资，导致其他的体育项目，如武术、龙舟等一些具有优秀传统文化因素的新兴体育项目待遇失衡。高校体育赛事举办方以及合作企业对市场的认识和探索存在不足，因此将发展和投资的重心放在一些热门运动市场，导致潜在的高校体育赛事商机没有得到有效把握，这会对体育赛事商业化发展造成严重影响。

（三）相关规章制度不完善，专业管理人才匮乏

规章制度的建立和完善对于高校体育赛事的开展具有重要意义，也有助于保护企业的相关权益。虽然目前有越来越多的企业开始对高校体育赛事进行投资，但是因为相关法律法规不健全，无法全面维护双方利益，因此利益纠纷屡见不鲜，导致双方合作热情不高，无法维持长久的合作关系。

此外，高校专业型人才匮乏，无法保证体育商务活动的顺利展开。负责高校体育赛事组织和管理的部门为教育主管部门，其多数工作人员具备

丰富的行政管理经验，但是赛事组织经验不足，不利于赛事的商业化发展。

三、高校体育赛事商业化运作的优化路径

（一）扩大赛事宣传规模，提高大众参与意识

品牌赛事的关键不仅在于其自身价值，还在于包装及市场运作的影响。目前我国高校在校生人数众多，这一群体也是体育赛事最主要的消费群体，学生家庭成员、相关体育爱好者等是体育赛事的潜在群体。面对这一庞大的消费群体，高校需要不断扩展赛事的市场，加大对赛事的宣传力度。高校需要拓展更大的赛事市场并有针对性地对受众群体进行宣传与服务。主办方应从多方面多角度多层次深入挖掘赛事价值，对赛事文化等一系列内容通过电视、报纸、新媒体等多种媒介进行有针对性的宣传；积极提升赛事质量，培养赛事文化，拓展赛事范围及赛季时间，重视消费群体赛事体验，达到促进其长期参与高校体育赛事的目的。合作企业也应该协助高校体育赛事，以合作目标为基础，积极参与赛事的宣传活动，将合作目标与所在城市文化、校园文化相结合，协助高校体育赛事组织方制定因地制宜的宣传策略。

此外，为了更好地让群众参与高校体育赛事，促进高校体育赛事市场化、商业化运作，高校体育赛事的组织方应该在激发运动员兴趣、培养国家后备人才基本目的的基础上，将为受众群体提供服务作为其第二宗旨，加强赛事与群众间的互动，通过举办公益活动等举措拉近竞赛与观众之间的距离，使消费者形成参与体育竞赛活动的习惯；将高校体育赛事作为传播体育知识、体育文化的重要途径，引导群众正确认识体育有助于形成健康文明生活方式的功能，提高群众参与高校体育赛事的意识，在稳定现有关注群体的基础上，进一步挖掘潜在的赛事关注群体。

（二）拓展赛事影响，做好顶层设计与规划

我国高校体育赛事在不断完善运行结构的同时，也进一步促进了商业化运行模式的发展。赛事主办方需积极与社会企业合作，开展与社会企业之间的双向交流，充分挖掘高校体育赛事的潜在价值，进一步拓展赛事影响力，吸引更多的资金支持。同时要做好顶层设计，统筹资源、确立目标、设置机构，并借助企业的运营经验，实事求是地制订高校体育赛事商业化的短期和长期发展规划，要立足于我国国民经济和教育的实际发展现状，正确定位，塑造品牌，挖掘体育项目价值，促进我国高校体育赛事项

目的平衡发展。合作企业需要对高校体育赛事的商业价值、自身产品市场及分销和促销手段作出正确评判，同时给予高校体育赛事一个精准的定位，并加大对高校体育赛事的宣传和推广力度，扩大其影响力，共同努力打造成品牌赛事，实现共赢的合作目标。

（三）依法完善规章制度，建立专业管理团队

法律意识淡薄及规章制度不完善就会导致主办方和合作企业的权益无法得到保障，使双方在合作中产生纠纷，难以建立长期稳定的合作关系。赛事主办方与合作企业需要在法律的框架下，完善高校体育赛事商业化相关的规章制度及合同文书，保障高校体育赛事的组织方与合作企业的利益。而在政策上，相关部门应给予与高校体育赛事有密切合作的企业一定的政策支持与保障，从而促进高校与合作企业更紧密的联系，为进一步培养优秀体育人才提供保障。

此外，高校体育赛事需要建立专业的赛事管理团队，确定各业务骨干人员，进行专项培训，提升其业务能力和专业知识。建立负责体育赛事商业化活动的部门或雇用专业的公关团队，从市场化运营的角度运用专业的管理手段重新定位和打造高校体育赛事，提升高校体育赛事的影响力。

第二节 高校体育赛事品牌的塑造与发展

一、高校体育赛事品牌的内涵与特点

品牌的概念主要来源于经济范畴，可以代表市场运作中的某一事物，通常指名称、标记、代表、象征、风格、符号等元素。品牌是一个现代市场的基本概念，是一种无形资产，体现和代表着产品特色和品质。品牌主要供商品经营者或事业组织者使用，良好的品牌形象不仅能展现经济活动的市场价值，也能提升其市场竞争力，因此，品牌形象概念被逐步引入高校体育赛事的具体工作中。通常，品牌形象的树立需要建立在大众的广泛认可基础上，但高校体育赛事属于阶段性特定范畴的活动，品牌形象的树立无法在一朝一夕完成，是一个持久性提升关注度和影响力的过程。因此，体育赛事品牌形象可以总结为具体事业建立在长时间发展基础上所得到的广泛认可和关注度。高校体育赛事品牌是指以高校体育赛事活动作为主体，具有经济价值，可以与消费者（或者受众）进行价值交换，并且可以通过对赛事理念、行为、视觉、听觉等各方面的塑造，使消费者、受众对于该活动形成在大脑中并占有一定位置的意识反应。高校体育赛事品牌

所承载的更多的是大众对于其赛事活动的认可和喜爱，它不仅可以推动体育产业以及学校的体育教育的发展、学校间的交流、提升学校的知名度、改善学校形象、塑造校园体育文化，还能够对整个社会的经济、文化、环境等诸多领域产生影响。

良好的高校体育赛事品牌形象应具有以下特点：第一，价值理念突出。比如能够凸显公平、公正、公开的奥林匹克体育精神，并宣扬体育竞技中彰显的凝聚力、拼搏意识、进取精神、爱国主义等价值理念。第二，赛事机制完整。良好的高校体育赛事品牌应该具备科学合理的赛事制度和严密周全的组织保障。第三，品牌符号鲜明。合格的高校体育赛事品牌，应该具有自己独特的象征、标志或者意义，能够被明显标识，就像“更高，更快，更强——更团结”的奥林匹克精神那样，要独具特色。高校体育赛事还可以相对应地设置主题歌曲、吉祥物、形象徽标等，以加深品牌印象，方便大众迅速进行标识。这些标志还要具有文化底蕴，能够形象地体现高校或者地区的理想信念和文化含义。第四，赛事程序规范。赛事举办方要紧密遵循体育竞技精神和赛制要求，在赛事具体开展时，严格规范程序，合理设置流程，在举办具体比赛的同时，也应将体育精神、竞技意识、文化情感等元素与赛事相融合。以奥林匹克运动会为例，除进行比赛活动外，也加入了火炬传递、开幕式、颁奖仪式、升旗仪式等，将赛事的文化精神一一体现，有助于品牌形象的树立和传播。

二、高校体育赛事品牌塑造的必要性与意义

品牌塑造是对企业产品或服务进行特色分析、定位分析、形象设计、品牌营销和品牌管理的一系列过程。品牌塑造是经营者打造产品或服务的必要手段，是经营者占据行业市场、获取经济效益的必备条件。具体来说，品牌塑造是经营管理者为寻求消费者和市场对产品或服务的认同，针对自己的产品特点或者服务特色，进行一系列品牌分析、定位、设计、营销和管理的过程。品牌建设贯穿一个品牌从无到有、从有到优的发展全过程，是品牌管理者为培养一个始终在竞争中处于强势地位的品牌，调动一切资源，通过品牌管理手段来增加品牌资产，实现品牌价值的最大化的系统性过程。因此，高校只有通过构建赛事文化、传播赛事人文情怀，才有可能使学生保持参与热情。在快速发展体育产业，提倡体育赛事多样化、可持续化发展的今天，高校要深化体育精神文明建设、体育教学管理改革、学校体育社团组织建设等，稳步提升学校体育赛事发展水平，打造学校体育品牌赛事，推进学校体育赛事以及品牌建设进入现代化。

（一）高校体育赛事品牌塑造的必要性

1. 高校体育赛事品牌塑造是紧跟时代发展的要求

品牌的塑造与推广，逐渐被人们所重视。高校在社会团体中占据着重要的地位。在进行高校体育赛事推广过程中，建立起具有一定影响力的品牌，能够很好地促进高校体育赛事的发展。在2022年北京冬季奥运会的影响下，国家开展冬季体育产业的推广，已逐渐成为体育赛事未来发展的关键点，这就是紧跟时代步伐，进行品牌推广和塑造，发展冰雪经济的典型案例。塑造属于我国高校自身体育赛事品牌，是高校体育经济发展的必然趋势。这不仅是时代发展的需要，而且能够推动该运动项目的发展，更重要的是，品牌的运营能够产生更多的价值。随着国内外高校的交流不断深化，以欧美高校为首的体育品牌赛事影响了我国对于高校体育赛事的认知。体育赛事的举办与品牌的塑造，能够提升高校之间的体育竞技竞争能力，推动学校体育发展，提高高校的知名度和影响力。

2. 高校体育赛事品牌塑造是其自身发展的需要

与体育赛事相关的所有活动几乎都需要资金的投入与支持，如场地、训练、器材、学习交流等，特别是在赛事品牌塑造上，更需要资金进行运作。对高校来讲，体育赛事的发展尽管会得到学校的经费，但是想要长远发展和进行品牌塑造，仅靠学校的经费显然是不够的。因此高校体育赛事必须积极通过自身的品牌塑造，提高社会影响力，促进高校体育经济发展，提升经济收益水平。反过来，经济收益水平的提高可以推动高校体育事业持续发展，提升体育竞技水平，进一步促进赛事品牌的塑造。美国的NCAA除了形成自身的体育产业体系，每年赛事都有可观的收入，也为在校的学生提供了更多的发展可能性，如进入NBA，进入赞助公司实习等。欧洲的牛津、剑桥赛艇对抗赛也因为每年的赛季吸引了大量的观众，获得不菲的收益。这些成功的案例说明品牌塑造的重要性，因此高校需要创建体育赛事品牌以促进自身的发展。

3. 顺应了体育赛事品牌发展趋势

随着信息的全球化，高校体育赛事不仅代表着竞技体育本身，更是高校在进行体育赛事品牌塑造过程中，将自己的校园文化以及历史内涵与办学特色进行融合，通过举办体育赛事，传播文化，同时通过体育赛事的品牌塑造，打造出属于高校自己的展示平台。从欧美多个国家历史悠久的高校体育赛事发展历程来看，高校体育赛事品牌塑造是体育经济发展的必然趋势，它不仅是经济收益的保证，更是一个传播范围广、影响力大的文化展示平台。

（二）高校体育赛事品牌塑造的意义

1. 扩大高校体育事业影响范围

高校体育事业发展离不开巨大的品牌影响力和较高的社会知名度。高校体育赛事品牌形象的建立，能够为高校提供对外宣传的有效平台，展示高校的体育水平和整体风貌，同时可以加强高校之间的交流和沟通，促进体育人才的流动和竞技水平的提高，推动体育信息的广泛传播，提升高校体育事业的知名度，扩大高校体育事业的影响范围。

2. 拓展高校体育市场发展形式

高校通过举办大规模的体育赛事，可以挖掘和拓展体育市场的发展形式。国家要建设体育强国，离不开各方力量的共同努力。如可以加强校企联合，充分利用企业的力量，促进优势互补，谋求共同发展。高校体育赛事品牌的建设需要资金支持，而企业的发展需要宣传途径，两者刚好供需对应。让企业提供资金支持，积极参与高校体育赛事品牌建设，又通过赛事宣传的效应获得口碑支持，带动企业持续发展。因此，高校体育赛事品牌形象建设，有效拓展了高校体育市场的发展形式。

3. 推动高校体育制度优化改革

近年来，我国高校体育事业正在进行制度的优化改革。而高校体育赛事的品牌塑造，既可以作为改革的出发点，也可以成为改革的落脚点，规范高校体育体系建设和完善运行机制，在促进学校体育事业发展中至关重要。因此，推广高质量的体育赛事，并树立良好的品牌形象，对于高校体育制度优化和改革具有积极推动意义。

4. 促进高校学生素质全面发展

高校体育教育活动不仅具有增强学生体质的意义，也具有精神层面的影响，能够促进学生塑造完善的人格，培养积极进取的精神，推动学生素质全面发展。尤其是品牌形象良好的体育赛事，其精神价值的意义和影响力更为深远。例如，高校体育赛事主要以学生团体的形式参与，在活动中有利于培养学生的集体意识和团队协作精神，增强凝聚力。而体育赛事往往会产生激烈的竞争，参赛学生也难免遭遇挫折，这能够磨炼学生的意志，促进学生形成坚韧不拔、顽强拼搏的性格。

5. 提高高校学生体育参与热情

对高校学生来说，不管是作为运动员直接参与比赛，还是作为啦啦队或观众为比赛加油助威，都是与体育项目的亲密接触。高校体育赛事品牌建设为高校学生提供了更多参与体育运动的机会，拉近了体育运动与校园生活的距离。体育运动不仅是强身健体的活动，也在赛事品牌的建设中逐步发展为新时期重要的休闲和娱乐活动形式，在赛事参与和观赏过程中，可以无形中增强高校学生参与体育学习和锻炼的热情。

三、高校体育赛事品牌塑造的优势

（一）人才强校理念的提出

随着社会经济的高速发展，行业分工越来越细，对人才的需求越来越高、越来越精。因此高校的人才培养模式也越发专业化、精英化，纷纷调整精简本校各个学院的专业，保留发展良好的专业，取缔发展较弱的专业，由此将师资力量、教学环境、课题研究等资源都集中于发展良好的专业，这样培养出的人才将会更为专业化。高校体育赛事品牌的塑造也是如此。各高校原本的体育专业最初以专业种类丰富为主，但这种丰富不代表“精”，许多只是占据了专业的名称而已，其中的师资、教育都达不到精英化的要求，也达不到人才强校的目的。

对高校的体育赛事来说，体育专业种类不需要多，而需要“精”，只有这样，才能增强体育的专业度，从而真正实现人才强校。高校体育赛事不限制于某一个地区或学校，主要还是与高校自身的体育项目强弱有关，因此增强学校体育运动的“精”度，才能培育更优秀的体育运动人才，这才是高校体育赛事的精神，是体育文化的传承。

（二）为专业赛事输送优秀运动员

高校体育赛事的举办为喜爱体育运动的学生提供了一个参与的机会、一个实践的平台，也为他们提供了提升自己专业水平的动力，通过体育赛事对有体育天赋或潜力的学生进行挖掘和培养，这也是高校体育赛事的特点之一。高校可以通过举办品牌赛事提高学校的知名度，同时参赛的高校也可以借助赛事提高知名度，尤其是在赛事中获得优异成绩的高校，更可以使自己的学校誉满天下。各高校可以根据学生擅长的体育项目为运动员制订系统的训练计划，注重体教结合的培养模式，从而培养优秀的体育人才。

例如，美国篮球职业联赛（NBA）与美国大学男子篮球联赛（NCAA）的相互发展是体育赛事合作的经典标准。美国大学男子篮球联赛是以学生运动员比赛为主的赛事，它不是一个培训后备人才的机构，而是一项体育赛事。在这个赛事中，各个学校优秀的篮球运动员都可以参与，其中优秀的篮球运动员有机会进入美国篮球职业联赛。所以，美国篮球职业联赛历任运动员，有很多来自大学男子篮球联赛，可以说，大学男子篮球联赛是篮球职业联赛人才的摇篮。

（三）培育体育文化环境

高校对学生来讲并不仅仅是一个输送知识的地方，它为学生带来的更多的是精神与信仰的延续，是文化的传承。高校体育赛事与其他赛事不同的地方在于它有着“高校”这一背景，也就意味着高校体育赛事还肩负着传达体育精神、发扬体育文化的重任。虽然高校体育赛事也要追求商业利益，但其对于体育文化的传承和发扬却高于商业营利。

鉴于高校的学术独特性，高校体育赛事一定具有鲜明的文化内涵，而围绕高校赛事的一切衍生品，如赞助商、纪念品、设施设备等都只是相应的衍生元素，由此可见，文化是高校体育赛事品牌塑造的核心之一。高校体育赛事是否能发展长远，主要看其与体育精神文化的融合程度，若是融合得好，那么就容易引起观众和运动员的共鸣，从而发展长远。我国高校体育赛事目前以中国大学生篮球联赛（CUBA）最为著名，其构想初期的目的就是将篮球文化理念融入篮球赛事。中国大学生篮球联赛当前能获得让人们关注的品牌效应，与其将篮球文化精神和体育赛事的结合有很大的关系。在中国大学生篮球联赛举办期间，从最初的宣传到最后的收尾工作，全程都在表现其所要传达的篮球文化精神，其中许多细节化的表现是最为关键的，如宣传海报、通告、新闻宣传、纪念品、条幅标语等。在我国高校的篮球体育赛事中，中国大学生篮球联赛无疑是一个里程碑，是当前高校体育赛事的典范。

（四）提升高校无形资产价值

学校是一个极其注重精神文明建设的机构组织，由于学校本身不是一个营利性机构，因此，其绝大部分经费需要国家资金的支持。一场高校体育赛事的举办，以及赛事前期所需要的运动员训练资金仅仅靠国家的支持是不够的，通常除国家的资金之外，还需要高校自己承担一部分的资金。高校体育赛事最好的资金来源莫过于赞助，获得赞助的多少与高校的社会知名度高低有很大的关系，知名度与美誉度是高校无形的资产。高校承载着国家的希望，是为国家培育大量人才的地方，各个学校也在挖掘和发展自己的专业优势，以此来提高学校的知名度和美誉度，从而增加学校的无形资产。也可以通过参加高校体育赛事，培育优秀学生运动员，增强学校的知名度，提升其自身的美誉度，以此增加其价值。对学校和优秀学生运动员来说，两者互相成就，优秀的学校培养了优秀的学生运动员并且是他们坚实的后盾，同时优秀的学生运动员也是学校的骄傲，给学校的无形资产锦上添花。

四、高校体育赛事品牌的发展路径分析

（一）做好高校体育赛事品牌的定位

任何品牌想要在受众中获得一定的认可都需要有自己的特点，让人对其印象深刻，从而发掘市场中的消费者。品牌没有特色，就无法在竞争激烈的市场中获得地位，更不要说拥有稳定的消费人群。

高校体育赛事品牌也是如此，想要树立赛事品牌就需要有明确的个性和特点。体育赛事需要对自身进行分析，明确自身所具有的优点、不足以及特点，这些特点和优点能吸引哪些人群，然后对已经确定的人群进行实地调查，分析他们的喜好、兴趣和习惯，在这一过程中，也要时刻关注行业内的动向，并向已经取得成果的赛事品牌学习，最后总结分析，确定出有特点、有针对性的市场定位，这样在后期的发展中才能有奋斗的目标和前进的方向。

（二）企业与学校经济效益相结合

体育赛事的发展与资金密不可分，想要获得良好的赛事训练，就需要有稳定的场地、先进的训练器材、科学的训练系统等，而这些都需要资金的支持。我国的高校多为公立高校，公立高校的可用资金有限，投入体育赛事的资金更是有限，这就需要高校参与赛事的队伍为自己争取更多的资金，如此将体育赛事形成品牌并取得成绩，成为高校体育赛事获得资金的最重要方式，也意味着高校体育赛事必须向市场化发展。

我国高校品牌赛事发展至今已经取得了一定的成绩，逐渐形成的品牌具有了一定的知名度，获得了社会的关注和认可，以 CUBA（2022 年更名为 CUBAL）为例，从正式推行发展至今，已经走过了 20 多年的时间。在 2010 年，中国经济商务协会发布的《中国体育品牌商业价值百强》名单中，CUBA 就已榜上有名，成为我国体育品牌商业百强中第一个高校体育赛事品牌，这是在之前的发展中从未有过的情况，也是 CUBA 在不断发展探索中所获得的最值得肯定的成绩。因为这次的榜上有名，使 CUBA 成为目前我国三大篮球赛事之一，这是高校体育赛事发展取得最好成就的品牌赛事。中国大学生足球联赛（CUFA）也是教育部官方唯一

认可的中国高校足球赛事，在我国有“校园足球第一联赛”之称。我国的大学生足球联赛发展的时间长，赛事规模大，吸引的观众众多，与CUBA相同，都受到了社会的关注，同时还有很多企业进行赞助和宣传。企业与高校体育赛事的结合是为了取得共赢的结果，体育赛事在塑造品牌后，会带来一定的社会影响和经济价值，CUBA、CUFA等在当前的发展情况正是与经济效益共赢的表现。

(三) 塑造体育赛事品牌独特性，增强体育赛事品牌持久性

品牌的塑造离不开文化，因此想要塑造高校体育赛事品牌的独特性仍旧需要从文化入手。我国关于体育文化的发展实际上很薄弱，可以说是源自西方国家的舶来品，因此高校体育品牌塑造在发展过程中总会陷入瓶颈期，这是我们在塑造品牌时缺乏文化支撑所造成的。例如，我国的端午节赛龙舟，很长一段时间内只将其作为一种生活习俗，却并未考虑过将其发展为具有独特性的体育赛事品牌。

高校体育赛事品牌塑造所需要的文化与其说是我们一直倡导的体育文化，不如说是中华民族长期以来所形成的独具特色、历史悠久的传统文化。因此，体育赛事独特性的塑造和持久性的增强，必须坚定文化自信且坚守树立的品牌，不可因为环境或是其他问题的影响就随意更改最初制定的品牌文化和理念，这样会让学生和关注人群觉得缺乏稳定性，不可靠也不安全，从而最终丧失所有的竞争条件。

同时在进行高校体育赛事的品牌塑造过程中，应当提高赛事的竞技水平和观赏性，吸引更多人关注，为赛事的持久发展奠定基础。

(四) 完善高校体育赛事品牌的组织管理

我国的高校体育赛事发展到现在，已在国内初具规模。组织如此大规模的赛事就必须要求其组织机构建立规范的规章制度，有健全的管理机制。目前，高校体育赛事大多由中国大学生体育协会直接管理，经过多年的努力，赛事的组织、策划、管理等方面已经有了长足的发展，但目前仍存在很多问题。

首先，我国高校体育赛事的组织机构相对简单，在实践时会出现各种分工模糊的情况。其次，一些高校对于体育赛事并不重视，这与高校对待体育文化的态度有关。我国高校众多，其中不乏专业类院校，体育赛事对这些高校来说只是需要完成的一项基本任务，而不是学校发展的组成部分，因此高校对待体育赛事的态度影响着赛事发展能否有效、持续地进行。

除了上述问题，还有许多其他问题，如宣传不到位，赛事选拔不够透明，赛事时间、场地临时更改、冲突等诸多问题，而这些问题的根本在于各地区机构从统筹到实施上不够健全，对体育赛事的品牌发展和形象造成负面的影响。

（五）完善高校体育赛事文化体系

体育赛事品牌文化是体育赛事品牌的核心，其特殊性就在于品牌文化的组成要素——核心价值和品牌个性的来源。核心价值来源于人类追求、社会道德、体育文化、运动项目文化、顾客精神需求、原产地文化、组织领袖及组织愿景、使命等因素。体育赛事品牌个性来自体育赛事产品要素（包括运动项目、运动员群体特征和比赛场馆特征等）、体育赛事品牌定位、顾客特征、举办国、赛事组织领袖和传统等要素。品牌作为企业的隐性资产，其本身就与文化有着密切的关系。品牌的发展首先就需要对产品进行定位，确定品牌文化，让人们对其背后的品牌文化有所了解和认同，这样才能树立品牌。高校体育赛事本身就具有特殊性，作为具有深厚文化底蕴的高校，体育赛事远比其他赛事承载更多的意义，因此文化的发展可以说是高校体育赛事品牌的核心。高校体育赛事品牌想要长远地发展，就需要将体育文化融入体育赛事的品牌中，让其具有核心和灵魂，从而实现品牌塑造。在这一点上，我国的 CUBAL 在关于文化的传播上就做得很成功，值得借鉴。

从当前的发展来看，文化是发展的基石，这一点在各个领域中都得到了验证。高校体育赛事品牌塑造，需要认识到文化对于品牌塑造的重要性，同时我们需要认识到品牌塑造本身就离不开文化的支撑。

体育赛事文化需要明确的定位，这与其他的文化发展是相通的，因此完善高校体育赛事的文化体系需要在明确定位后，将体育文化融入体育赛事中，并传达给学生。传播过程需要高校各个部门和机构相互配合。高校本身就是一个按照规章制度来办事的地方，想要发展体育文化就需要有健全的管理机构和骨干力量，能带动学校的各个部门，调动学生积极参加具体的赛事活动，若是其中的某一个环节出了差错，或是无法提供相应的协助，就无法顺利将体育文化融入体育赛事的品牌构建中，因此有一个健全的体育文化制度是确定文化发展的重要保障。高校体育赛事本身有着身份的特殊性，需要以高校自身的文化作为基础，参照体育赛事社会化、商业化的发展走向，在确定高校体育文化的基础上，结合品牌文化和社会企业文化的内容，确立高校体育赛事品牌的内容，以保障体育赛事成为一个有深度、有内涵且可以长远发展的品牌。

（六）做好高校体育赛事品牌塑造营销发展

1. 加快高校体育赛事的市场化进程

高校体育赛事注重品牌的塑造和发展，就必然会形成市场化的产业链条，这对高校体育赛事来说也是必经的发展路线。在进行市场化的过程中，高校需要不断挖掘自身的优势，以自身的优势和魅力来营销自己，而不是等着企业赞助，需要变被动为主动，积极向市场化发展迈进，同时根据自身的特点，结合市场发展进行多元化的发展。

2. 加强对体育赛事的宣传

体育赛事想要获得更多的观众支持，离不开赛前的宣传，进行宣传就需要资金的支持，而体育赞助商在投入资金的同时也要看赛事的宣传效果以及最后给予自己的反馈结果是否具有效益。许多赞助商在进行体育赛事赞助时，都需要对当前的体育赛事进行分析，确定自己的品牌宣传是否与高校体育赛事品牌具有契合度。体育赞助是实现商业化的重要手段之一，赞助商通过高校体育赛事平台进行自身的品牌宣传，提高知名度，高校通过赞助商的资金进行合理的赛事推广，两者的合作可以优势互补，实现双赢，获得更多的利益。

3. 开发体育赛事的衍生品

体育赛事的开展可以带动很多资源，这些资源在带来一定的经济效益的同时，也可以传播体育赛事文化。体育赛事在正常情况下，可以进行一定的衍生，这样有利于赛事和企业的宣传。在如今的市场消费中，衍生品已经成为人们关注的焦点，因为人们更愿意将喜爱的事物带回家。在这一点上，人们在旅游、动漫、体育、餐饮等行业中都能看到衍生品的身影。

进行体育赛事衍生品的发展首先需要对其进行定位。衍生品在当前的发展中不仅是附属，更是一种宣传，因此体育赛事衍生品的开发需要有明确的目标和制作团队。高校体育赛事在开发衍生品时，首先要确定所针对的受众群，了解受众群的喜好，再结合赛事的文化和自身的特点进行开发。每个高校的校队要有自己的衍生品设计团队，在设计初期主要针对的受众群可以是本校的学生，当校队具有一定的规模和地位时，就可以扩大受众人群。就像奥运会，每一届奥运会都有自己的衍生品，如服装、日用品、纪念品等，但是相对应的各个国家也会根据本国的特点，结合当届奥运会的LOGO，设计出属于自己的衍生品，如在会场中，各国观众穿的衣服以及手中拿的旗子等。高校在体育赛事的衍生品设计开发时也可以以此作为借鉴，重点是特色和标志。

高校在体育赛事衍生品开发设计时，可以从两方面考虑：一方面，主办方在进行赛事筹划时，确定好赛事的文化主题和精神，据此来设计属于赛事的衍生物，如服装、帽子、纪念品、吉祥物等；另一方面，各个高校也可以考虑生产具有自己特色的体育赛事的衍生品，考虑当届赛事的主题，结合自己学校的特色，然后单独设计出属于本校的衍生品。除此之外，开发和衍生附属产品的因素还有很多，如举办比赛的季节、比赛的项目特色、分别针对男女受众群的衍生品等。这些衍生品的开发可以增加体育赛事的收入，传播学校文化，无形中会强化体育赛事品牌的塑造。尽管衍生品最初是以附属的形式出现，但是在不断发展中，它已经成为一种主体代表，是人们关于这个赛事的喜爱和纪念，也是对它的认可和推崇。

（七）健全高校体育赛事品牌的运行模式

一场体育赛事想要成功举办需要涉及众多学科，如经济、传媒、营销等，因此体育赛事在进行前期的准备工作时，需要有专门的管理机构进行统筹策划，以保证赛事在前期准备和中期进行以及最后的收尾工作中都能正常推进。我国高校体育赛事需要健全当前的运行模式。

国外的高校体育赛事由专业的第三方来经营，所取得的成就有目共睹，但这是基于其国家政治经济文化所采用的方式。我国的社会体制与西方国家不同，因此在实践中需要结合我国的实际情况制定策略。我国高校的体育赛事经营主要还是依靠政府机构统筹管理，平时的训练和参赛则是由学校自己组织。这样的方式从整体来讲并不利于我国高校体育赛事的发展，因此我们可以借鉴国外采用第三方经营的方式。无论是学校还是政府机构对于高校的发展都有着局限性，专业负责经营的第三方可以统筹社会与学校双方的资源，在宣传高校体育文化的基础上，进行各种社会上的融资，双方互利互惠，尽可能地让资源发挥最大化的效益。

倘若高校体育赛事有专业的经营公司协调高校与社会企业的合作，那么高校赛事本身的发展应该尽可能形成独立的体系，政府作为举办者虽然可以有相应的政策支持，但是应该尽可能地避免干涉。从主办方到下面的机构都有专业系统的经营组织，那么，这些单位在管理上就会宽松很多。尽管由政府掌控的赛事会更多地受到群众的关注，但是这一点只要在政策上有所开放和支持就可以，并不需要完全介入。体育赛事在举办的过程中可由参赛各校专业的经营组织互相监督，政府由主办方的地位转变为管理监督方，以保证赛事的公平公正，确立经营组织与学校之间合作的合法关系，以及制定相关的合作标准。

第三节 新时代高校体育竞赛体系的优化创新

一、新时代高校体育竞赛体系创新发展的必然性

高校体育竞赛作为高等体育教育的重要组成部分，在新时代高等教育中扮演着重要角色。2020年由国家体育总局和教育部共同印发的《关于深化体教融合 促进青少年健康发展的意见》（以下简称意见）中，明确了体教融合促进青少年健康发展的整体行动方向。意见表明应将“完善青少年体育竞赛体系”作为深化体教融合发展的主体方略，并按照“教会、勤练、常赛”的基本路径一体化推进学校体育工作。① 深化体教融合工作的重要抓手在于统筹竞赛体系，使全员参与的校园体育竞赛活动成为其应有之义，并充分发挥高校体育在提高体育竞技水平中的重要作用。明确新时代体教融合发展目标与高校体育价值定位，完善青少年体育竞赛体系是促进学校体育改革、深化体教融合的关键举措，也是实现我国学校体育治理现代化的基础保障。然而，当前我国高校体育竞赛体系尚不完善，存在体育竞赛资源匮乏、竞赛管理模式混乱、校园体育赛事参与范围狭窄等突出问题，制约着体教融合战略的有效落实与高校体育赛事的现代化发展。对高校体育竞赛体系优化创新进行研究，构建新时代高校体育竞赛体系，可以更好地推动落实立德树人的高等教育使命和以体育育人的高校体育竞赛责任。

二、新时代高校体育竞赛的价值分析

新时代背景下，体育经济的发展呈现出新特点、新趋势，高校体育教育的目标与人才培养也具有新要求，因此有必要对高校体育竞赛的价值进行再分析，这对高校体育竞赛体系的改革与创新具有重要意义。高校体育竞赛全方位服务于高校“人才培养、科学研究、社会服务、文化传承、国际交流”的重要使命，提出新时代大学生体育竞赛以“职业精神、创新追求、社会融入、自信顽强、包容多样”为核心价值，通过体育实现对大学生的“文明其精神、野蛮其体魄”的目的，培养德智体美劳全面发展的社会主义建设者和接班人。

---

① 靳晓燕．学校体育必须做到“教会、勤练、常赛”［N］．光明日报，2020—09—23（9）．

（一）职业精神

现代教育在人力资本生产和社会秩序稳定中起着至关重要的作用。高校在学生和工作中间发挥的作用与其说是人才培养，不如说是筛选或储备，使每一个人拥有更多可能性，让人成为人，让社会更美好。培养德智体美劳全面发展的社会主义建设者和接班人是高校人才培养最基本的要求和根本的出发点。新时代高校体育竞赛的核心价值之一就是通过体育竞赛，培养、塑造学生的职业精神，达成高校人才培养的使命要求。参与体育竞赛，可以提升大学生的身心健康水平和道德素养，锤炼意志品质，培育使命感和荣誉感，激发爱国热情，增强民族向心力、凝聚力；可以促进大学生神经系统发育，使其大脑得到更快的恢复和休息，提升记忆力、观察力、创造力；可以塑造形体美、姿态美、动作美，培养审美情趣，发展鉴赏美、创造美的能力；可以增强身体活动能力，提高动作准确性和协调性。在一场场激烈比赛中凝练出来的“为国争光、无私奉献、科学求实、遵纪守法、团结协作、顽强拼搏”的中华体育精神也正是未来大学生走向职场需要的职业精神。

（二）创新追求

通过体育竞赛，培养、塑造学生的创新追求，达成高校科学研究的使命要求，是大学生体育竞赛的又一核心价值。科学研究需要创新，创新需要大无畏的进取精神、开拓精神、奉献精神，需要强烈的竞争意识、表现欲望。参与体育竞赛使学生往往冥思苦想战胜对手，享受运动乐趣，充满挑战激情；在一次次的胜利中体验成功，在一次次的失败中感悟挫折，学会在成功和挫折中提高心理调控能力和道德水准。这一过程对学生的要求比对其他情境中的要求更高，强烈的竞争意识、创造才能被充分激发。同时，体育竞赛是一个良好的创新场域。数字化、网络化、智能化、多元化、协同化的技术革命为创新体育赛事发展提供了技术解决方案；纳米材料、大数据、人工智能、北斗定位等高新技术重构新的运动训练、体育竞赛科技保障体系；人工智能和大数据帮助教练团队分析比赛数据，助力战术研究、制定比赛战术；5G 技术、“云采编”、“云制作”以及多终端、多渠道的融媒手段，实现体育赛事直播超清化、移动化、智能化，展开全方位联动报道。

（三）社会融入

新时代高校体育竞赛核心价值之一就是通过体育竞赛，培养、塑造学生的社会融入，达成高校社会服务的使命要求。体育竞赛不仅教会了高校学生如何在规则的约束下去赢，而且教会了学生如何体面并且有尊严地输。在体育赛场这个极度包容的世界里，漂亮的失败也是对人的一种培养。体育所蕴含的这种独有的人文精神，很好地契合了新时代社会建设的价值理念。经过体育熔炉历练的大学生群体在走向社会的进程中，能够更好地融入社会，增进社会的包容性和治理的有效性，推进社会治理体系和治理能力的现代化。

（四）自信顽强

高校体育竞赛的核心价值还体现在培养、塑造学生的自信顽强精神上，达成高校文化传承的使命要求。体育竞赛是坚定文化自信的重要舞台。在奥运赛场上，中国体育代表团中很多运动员都是正在就读的大学生，他们尽管稚气未脱，但在赛场上不畏困难、披荆斩棘，攥紧手中接力棒，在国际赛场上自信、自豪地展示和传承中国文化，让中国文化更鲜活、更立体地“走出去”，将博大精深、灿烂辉煌的中华文明远播世界。同时，赛场上奋勇争先的他们还反映了正在走向世界舞台中央的中国青年人应有的精神风貌，反映了中华民族实现伟大复兴进程中青年人应有的精神品质，也反映出他们就读大学特色的校园文化。

（五）包容多样

面对百年未有之大变局，需要文明的交流与互鉴，需要国际交流与合作，来打通各国人民之间的隔阂，消除人类不同社会制度和价值理念上存在的误解，准确而多元地表达中国立场，为建设持久和平、普遍安全、共同繁荣、开放包容、清洁美丽的新世界贡献中国智慧。全球化时代的人才培养需践行人类命运共同体理念，培育具有全球视野的世界公民。培养、塑造学生包容多样的品格，达成高校国际交流的使命要求，也是高校体育竞赛的核心价值之一。体育竞赛通过把不同民族、不同政治制度、不同文化体制、不同语言和不同历史、不同阶层的人联系到一起而起到社会整合作用。体育竞赛中的公平竞争、遵守规则、文化多元、开放包容、合作共赢等的体育精神，能够使参与其中的学生学会尊重对手的个性和学校间的差异，以干净、团结、文明的参赛形象，全方位、多角度展示中国学校代表团的良好形象，成为加深与各国大学生之间相互了解、增进友谊、促进交流合作的和平大使、亲善大使。

三、新时代高校体育竞赛体系的优化创新

（一）高校体育竞赛体系改革与优化的原则

新时代高校体育竞赛体系的改革需要遵循创新、协调、绿色、开放、共享的新发展理念，在整个改革过程中认真贯彻新发展理念，始终坚持将创新驱动作为引领改革发展的第一动力，将创新、协调、绿色、开放、共享的理念贯穿改革工作始终，将创新思维与创新精神融入各项工作，着力解决以往高校体育赛事中存在的诸多问题。具体原则如下：开放办赛，坚持破除身份限制，人人有可能；共享办赛，坚持从基层做起，处处有机会；协调办赛，坚持统筹平衡，校校有动力；绿色办赛，坚持以文化人，赛赛有文化。

1. 开放办赛，坚持破除身份限制、人人有可能

开放是国家繁荣发展的必由之路。目前，一些高校体育赛事对曾经参加过体育系统赛事人员设有参赛资格的限制，致使部分高校青少年运动员无法参加大学生赛事，而优秀选手缺赛会导致体育赛事竞技水平较低，无法提高赛事的关注度和影响力。为此，高校体育竞赛应开放办赛，坚持破除身份限制、人人有可能的基本原则。

开放办赛，就是要借鉴其他国家大学生赛事经验，加强与体育部门、企业等组织的交流与合作。凡是具有注册学籍的学生均可报名代表院系参加校级比赛，不受训练经验、运动水平等因素的影响，以此促进普通学生和高水平学生运动员的结合，推动运动项目在学校的普及与提高，提升学校体育赛事整体水平。同时，高校体育竞赛要充分利用好大学生体育赛事这一窗口，讲好中国大学生的故事，展示新时代中国大学生的良好形象和精神风貌，提升大学生体育赛事的社会关注度和赛事品牌价值。2022 年 6 月，教育部、体育总局及中国足协按照体教融合要求，教育与体育部门整合学校足球比赛及 U 系列足球比赛等各级各类青少年足球赛事，制订了《中国青少年足球联赛赛事组织工作方案（2022—2024 年）》，其中明确规定："体校代表队、学校代表队、俱乐部青训梯队、社会青训机构等球队均可自由参赛，不设任何参赛限制。"这一政策的出台将切实改变包括我国大学生足球赛事在内的青少年足球联赛的组织与管理方式，也让更多学生摆脱身份限制，更大程度、更广范围参与足球比赛。

2. 共享办赛，坚持从基层做起、处处有机会

共享是中国特色社会主义的本质要求。现阶段虽然我国大学生体育竞

赛有锦标赛、联赛、赛会制、主客场制等不同比赛形式和办赛模式，但由于缺乏从学校基层开始的选拔制度，导致参赛、参训运动员多为具有多年运动训练经验的选手，其数量较少、人员类型较为固定，很少与学校其他学生同场竞技，普通学生鲜少有机会参加高水平体育竞赛，距离人人参赛，将体育比赛覆盖到每个班级、每个学生这一目标还具有较大差距。为此，高校体育竞赛应共享办赛，坚持从基层做起、处处有机会的基本原则。

共享办赛，就是要坚持以学生为本，将促进学生全面发展作为举办大学生体育赛事的出发点和落脚点，既让学生人人有机会参赛，也让学生处处有机会参与办赛，让大学生体育赛事办成既是高水平学生运动员参与的竞技盛会，也成为全体学生参与、全体学生共享的学生体育盛会。凡欲参加国家级和省级体育竞赛的运动队和运动员必须代表院系参加校级比赛，经过多重选拔胜出。将全国大学生的各单项赛事用预选赛的名义延伸至学校一级，将学校现有的单项赛事与全国大学生单项赛事预选赛挂钩，让每个学生在大学时代都有享受比赛的机会，在自己的学校就能够参加全国大学生单项比赛，体会到体育带来的身体和心智锻炼；让每个代表学校参加全国大学生赛事或代表中国大学生参加国际赛事的学生运动员都从代表自己所在院系参加学校的比赛开始，赢得同学的认同，培养母校情结，以此推动学校体育赛事和校园文化建设相结合、基层体育赛事与国家体育人才选拔相结合。

3. 协调办赛，坚持统筹平衡、校校有动力

协调是事物健康持续发展的内在要求。全国高校不同层次和不同学科范围高校在参加体育竞赛时学生生源水平、训练水平、资金投入、后勤保障等方面存在较大差异。此外，我国幅员辽阔，除传统的华北、东北、西北、华东、中南、西南六大行政区划之外，还形成京津冀城市群、长三角城市群、粤港澳大湾区、成渝城市群、长江中游城市群、中原城市群、关中平原城市群七大城市群。不同地区的资源禀赋不同，各自具有独特的文化背景、气候环境、体育传统，而各城市群在经济体量、人口分布、气候特征等方面又具有不同程度的相似之处。由此，协调办赛，应坚持统筹平衡、校校有动力的基本原则。

协调办赛，就是在大学生体育赛事设计时注重平衡、统筹兼顾、保持均势，形成赛事分区、分类、分级的平衡发展结构，让凡想参加比赛的学校，都能找到自己合适的赛区、对手，不会因学校类型不同、参赛路途遥远、经济条件限制、竞技水平差异等遭遇不公，失去报名参赛的机会。

4. 绿色办赛，坚持以文化人、赛赛有文化

绿色是永续发展的必要条件。目前，我国大学生体育赛事多由高校承办，承办高校以校领导牵头组建的赛事工作组，落实承办比赛的各项工作。在整个筹办过程中，高校从体育赛事规范要求、组织管理安全要求方面考虑多，从校园文化建设角度考虑少，赛事筹办往往成了少数人的事，与学校的发展建设关系不大，影响了学校承办赛事的积极性和持续性，使得一些大学生赛事不得不借用校园外的体育场所举办，远离了校园。为此，高校体育竞赛应绿色办赛，坚持以文化人、赛赛有文化的基本原则。

绿色办赛，就是把举办大学生体育赛事同促进校园文明建设结合起来，让校园体育设施同校园自然景观和谐相融，让学校承办的体育赛事与学校特色文化建设有机结合，确保学校师生既能尽享体育运动的无穷魅力，又能尽览由校园体育设施组成的校园自然生态之美，感受不同项目文化的熏陶，让体育赛事文化作为大学文化的重要组成部分，培养学生竞争意识、创新精神、规则意识、国际视野，为学校特色文化建设提供新的见解。与此同时，高校通过在体育赛事筹办与举办过程中坚持公平、节俭、低碳、环保的理念，让学生在感受竞技赛事公平至上的同时，进一步了解体育运动在体育强国、健康中国、生态文明建设中的重要作用。这样的做法不仅能促进学生的责任意识和使命担当，也必将推动大学生体育赛事的可持续健康发展，以及新时代高等学校的内涵式发展。

（二）新时代高校体育竞赛体系的优化创新策略

1. 建立常态化体育竞赛机制，强化体育赛事功能

高校体育竞赛应承担起为竞技体育培养和输送高水平竞技人才的责任。当前我国应构建更加完善的高校体育竞赛体系，既要着眼于高校校园内部，也应依托大体协建立更为庞大的高校体育联赛网络，如同城校际体育比赛、城际高校体育联赛、省际高校体育联赛、南北区跨区域体育联赛等。同时，我国还应充分利用社会力量，依托社区、俱乐部等社会组织举办高校体育赛事，打破高校体育赛事举办的空间限制。在具体实施过程中，高校体育竞赛可依托社区场地或俱乐部场馆，引进商业化的体育竞赛管理模式和社会体育指导员，参与体育项目培训和裁判等工作。

高校体育竞赛还应贯彻面向人人的核心教育理念，以培养竞技体育后备人才为主体任务，以促进全体学生全面发展为最终导向，实现体育回归教育本质的目标。一方面，高校教育应落实“教会、勤练、常赛”的基本路径，以校园体育竞赛为抓手，扩大校园体育竞赛参与面，增加校园体育

竞赛参与人数，提高优秀运动员选拔概率。具体而言，高校体育竞赛可在高校内部成立体育管理工作领导小组，统筹高校体育工作，从日常体育课程、课余体育训练、校园体育竞赛等方面入手，发挥各教学院系的主体行动作用，鼓励开展学院体育竞赛活动，将"面向人人"作为开展高校体育竞赛活动的指导思想，拓宽高校体育竞赛路径，打破学校体育竞赛时空壁垒，建立各院系体育运动联赛，组织各年级、各专业体育竞赛，形成"周周一小赛，月月一大赛，学期一联赛"的高校体育竞赛发展新格局。同时，在学校内部竞赛组织中，高校应根据学生运动技能水平和体育需求多样化的特点，构建丰富多彩的竞赛组织形式，如针对新生设置各个专项的"新生杯"比赛，不定期地进行跨院系、跨年级的"友谊赛"，对运动水平较低的学生设置"新手赛"等，并尝试将参加体育竞赛放到和大学生体质测试同等重要的位置，将是否参加过体育竞赛作为评优评奖的指标之一，以此充分调动学生的运动兴趣，鼓励全体学生积极参加校园体育竞赛。

2. 建立多层次、多形式、多项目的高校体育竞赛体系

（1）基于高校的"班—院—校"的体育竞赛体系

校内跨班级、跨年级和跨院系体育竞赛模式是一种在高校内部采用多种组织形式和竞赛规则，开展丰富多彩的体育项目和活动，以提高学生体育技能、促进体育文化交流的体育教育模式。具体而言，首先，以班级为基本单位。班级内部的体育竞赛可以根据学生的年龄、性别、专业、兴趣等特点，设置多样化的体育项目和形式。同时，班级体育竞赛可以采用班级对抗赛、班级联赛、班级杯赛等方式，激发学生的竞争意识和团队精神，增进学生之间的友谊和交流，提高班级的凝聚力和向心力。其次，以学院为中间层次。学院间的体育竞赛可以根据学院的特色和优势，设置有代表性和吸引力的体育项目和形式，而学院间的体育竞赛可以采用学院杯赛、学院联赛、学院邀请赛等方式，激发学院的荣誉感和归属感，增进学院之间的交流和合作。最后，以学校为最高层次。校级的体育竞赛可以根据学校的定位和目标，设置一定水平和规模的体育项目和形式，如田径运动会、体育节、校运会、校际赛、校园十佳运动员评选等。此级别的体育竞赛可以采用学校杯赛、学校联赛、学校邀请赛等方式，激发学校的荣誉感和责任感。这种体育竞赛组织模式可以实现高校体育竞赛的层次化、专业化、多样化和发展化，有利于提高高校体育竞赛的质量和效果，促进高校体育竞赛与教学、科研、社会服务相结合，优化培养高水平运动员和体育人才的模式，推动高校体育竞赛体系建设。

该模式的构建涉及组织架构与沟通协调机制、竞赛内容和形式、竞赛

时间和地点、竞赛参与对象和方式、竞赛评价标准和奖惩措施等几个方面。一方面，为确保体育竞赛的有效实施，高校体育竞赛需要建立明确的组织架构与沟通协调机制，强化体育学院或体育部的统领意识，明确责任部门和相关人员，定期召开会议，促进各相关部门之间的信息共享和协作配合。另一方面，由于高校学生专业背景不同、技术水平存在差异，为满足不同学生的体育需求，高校体育竞赛需要确定体育竞赛的具体内容和形式，根据学生的年龄特点、身体条件、兴趣爱好和运动水平等因素，选择适宜的体育项目和活动。同时，高校体育竞赛还需要根据高校的实际情况、教学资源、场地设施等，选择科学合理的组织方式和竞赛规则，灵活运用个人赛、团体赛、混合赛等多种形式，丰富竞赛内容，激发学生的参与热情。总体而言，基于高校的“班—级—院”的三级体育竞赛组织模式是一种非职业化、带有娱乐性质的校园体育竞赛模式，目的在于培养学生运动兴趣，巩固课堂体育教学效果，丰富学生课余文化生活等。

（2）基于省市的“校—市—省”的体育竞赛体系

基于省市的“校—市—省”的三级体育竞赛组织模式是由各省市级教育部门或体育部门负责组织和管理的省市间校园体育联赛体系，形成从校内到校际、从市级到省级的体育竞赛网络，旨在促进高校体育教育的发展，提高学生的体育技能和素养，培养体育人才和后备力量，是一种从基层高校到地方市区再到省级的层层联动的高校体育竞赛模式。

在理想状态下，该模式的运行机制可概括为：省级体育主管部门负责制定整体的体育竞赛规划和政策，统筹协调全省范围内的体育竞赛活动，并提供技术支持和经费保障；市级体育竞赛组织机构在省级指导下，负责组织和管理本地区的体育竞赛活动，包括校际、市际甚至跨省的体育竞赛；高校体育竞赛组织机构作为基层单位，积极响应市级和省级的指导，组织和承办校内体育竞赛，同时积极参与市级和省级的体育竞赛活动，实现“校—市—省”三级体育竞赛组织的有机衔接。

在现实层面要构建起理想状态的三级体育竞赛组织模式，高校体育竞赛需要从多个方面着手。首先，需要建立明确的组织架构，进行清晰的职责分工。要对省、市、校三级体育竞赛组织各自的职责明确进行界定和分工，各司其职，各尽其责。其次，需要建立高效的沟通机制和信息共享平台，以确保各级竞赛组织之间的信息畅通，协调合作有效。最后，应鼓励和引导各级竞赛组织之间的合作与交流，共同推动体育竞赛事业的发展，实现校、市、省三级体育竞赛组织的有机衔接。基于省市的“校—市—省”三级体育竞赛组织模式是在传统自下而上的体育竞赛组织形式上的进一步创新发展，其赛事性质介于专业赛事与非专业赛事之间。与传统的专业晋级式的大学生体育赛事不同，“校—市—省”的三级体育竞赛组织模式具有娱乐程度更高、项目类别多样、组织形式多元的特点，是旨在提升运动员竞技水平、发掘竞技体育后备人才、培养学生运动兴趣、激发学生运动动力的校园体育赛事组织形式。

(3) 基于同类高校体育联盟的校—盟—国家三级大学生体育竞赛体系

我国高校可按办学层次或学科范围组建大学体育联盟，如“双一流”高校体育联盟，师范类、医药类、财经类、语言类、艺术类、体育类高校体育联盟等，建立由体育联盟内部高校间的校际竞赛和体育联盟之间盟际竞赛构成的同类高校体育联盟竞赛体系，即校级—盟级—国家级三级大学生体育竞赛体系。同类高校体育联盟赛事体系的建立，从参赛学校的角度，有助于缩小学校之间运动竞技水平的差异，打破“强者恒强，弱者恒弱”的局面，让联盟内高校在相对公平的环境中竞赛，激发联盟内高校间的竞争意识；从赛事举办的角度，相关体育赛事由中国大学生体育协会主办，各成员学校可轮流承办赛事，有助于更多高校通过承办体育赛事推动学校体育的开展和宣传、扩大学校的知名度；从参赛学生的角度，将同一赛事拆分为若干联盟同步举办的赛事，大型赛事转变为小型赛事，有助于提高赛事举办的密度，扩大赛事的覆盖面，促进更多学生参与赛事。

(4) 基于运动水平划分的甲、乙、丙三级可升降大学生体育竞赛制度

基于省级行政区划、基于同类高校体育联盟、基于区域特色构建的校—省/盟/区—国家三级大学生体育竞赛体系，丰富了比赛数量，增加了比赛类别，加大了赛事供给，提供了相对公平的参赛机会，解决了高校体育竞赛面向全体学生、面向人人的问题，但尚未解决因学生运动水平的差异造成的比赛精彩程度不高的问题。由此，在三种三级比赛的基础上，融入基于运动水平划分的甲级、乙级、丙级可升降级的三级大学生体育竞赛制度，在上述三级比赛的后两级，可根据运动项目参赛队伍的比赛成绩将参赛队伍划分为甲级、乙级、丙级三个水平等级，每年进行一次升降级调整，以有效解决学生运动水平参差不齐的问题。

(5) 基于统一管理、三级联动的大学生竞赛管理体系

大学生体育赛事作为高校育人工作的重要组成部分，推动赛事统一管理、三级联动，是适应构建校—省/盟/区—国家三级大学生体育竞赛体系和可升降大学生体育竞赛制度的需要。

统一管理，就是将大学生体育赛事的规划设计、制度安排集中起来，由中国大学生体育协会及其单项分会对其实行统一管理。按照中央“坚持

一类事项原则上由一个部门统筹、一件事情原则上由一个部门负责”① 的明确要求，作为根据法律、法规授权的和行政机关委托管理全国大学生体育竞赛的唯一合法组织，中国大学生体育协会应当健全中国大学生体育协会各单项分会管理机构，发挥单项分会的作用，担负起对大学生赛事实行统一规划、统一管理、统一政策、统一制度、统一标准、统一招商的责任，积极争取获得国家层面的政策支持，将与大学生赛事相关的规划、标准、资产、资源、协调和依法监管等重大职能由中国大学生体育协会及其单项分会统一管理，以有效减少学校、省市组织赛事的负担，为大学生品牌赛事的建立和赛事高效运转提供有力保障。

三级联动，就是校—省/盟/区—国家三级大学生体育竞赛体系中学校体育运动委员会、省市大学生体育协会/高校体育联盟/区域高校联盟、中国大学生体育协会及其单项分会三级大学生体育赛事管理部门协同配合，同向发力。学校体育运动委员会要按照统一规划，将学校原有的各类体育竞赛与全国大学生体育竞赛预选赛（校级）有机融合，组织好学校各院系参加全国大学生体育比赛预选赛，组织好学校代表队参加省级比赛，使学生在学校就有参加全国大学生体育比赛的机会，推动学校体育的开展。如同中国足球队运动员一直都有机会参加世界杯足球赛一样，尽管大部分参加的是亚洲区的预选赛。省市大学生体育协会/高校体育联盟/区域高校联盟需建立和完善相应的赛事管理机构，组织好本省市、本高校体育联盟、本区域高校的大学生体育赛事。由中国大学生体育协会及其单项分会落实统一管理的职责。

统一管理、三级联动，需要从上到下建立业务指导关系，将学校体育运动委员会、省市大学生体育协会/高校体育联盟/区域高校联盟、中国大学生体育协会及其各单项分会的赛事管理职能尽可能一致起来，健全完善各项赛事规章制度，统一赛事标准和工作要求，形成一条系统全面、衔接紧密、配套完善、科学可行的制度链，从顶层设计和制度层面，为推进统一管理、三级联动提供政策依据，努力实现有章可循、有规可依的赛事工作局面，以保证大学生体育赛事工作的规范化、标准化。此外，要做好统一管理、三级联动，就必须把信息手段作为推进赛事管理的重要环节，科学有效利用现代网络信息及人工智能技术对运动员和裁判员注册、竞赛安

① 新华社．中共中央印发《中国共产党机构编制工作条例》［EB/OL］．(2019－08－15)［2024－08－22］．http://www.gov.cn/zhengce/2019－08/15/content_5421505.htm.

排、成绩管理、赛事安保、经费管理、商务开发、档案管理等各类赛事信息资源进行整合、规范和优化，推进赛事“互联网＋”等多维事务有序开展，实现赛事的数据化、集约化运营管理，提高赛事工作和服务的效率，促进赛事管理的科学化。

3. 构建多元主体协同的高校体育竞赛模式

（1）强化面向人人的竞赛理念，推动相关职能部门合作

高校体育竞赛应在坚持政府主导的前提下充分吸纳社会力量，发挥各单项体育运动协会的社会组织功能，形成体育赛事多元治理新格局。具体而言，高校体育竞赛应坚持中国大学生体育协会的统筹安排，在俱乐部、运动协会等社会力量的配合下建立高校体育运动联盟，通过吸纳高校运动协会和在读大学生入会，同步开展高校体育赛事，从而形成大体协、学生体协以及高校联盟的多元体育竞赛治理体系。此外，体育与教育部门条块分割、分置管理的高校体育竞赛模式限制了我国以体教融合为理念构建面向人人的高校体育竞赛组织的进程，如运动员参赛资格问题、运动员成绩认证等问题都难以在两个系统中达成共识。

基于此，高校体育竞赛应从体制、机制层面发力，着力于解决体育与教育“两张皮”的问题。例如，由体育部门与教育部门以“一体化推进”的方式共同商讨、拟订高校体育赛事计划，建立双方均可接受和认同的大学生运动员资格审查和成绩认定体系，并在学生参加体育赛事时进行统一注册和认定。而“家、校、社”三位一体的融合方式也是今后推进体教融合、强化学校体育竞赛的一个创新点。因此，高校体育竞赛还应鼓励青少年体育俱乐部发展，提倡建立“政府主导、社会联动”的高校体育竞赛机制与培训体系，接受社会力量资助高校体育竞赛，支持社会组织参与高校体育赛事组织。此外，高校体育竞赛还应打破高校体育赛事举办的空间限制，拓宽高校体育赛事经费来源。在具体实施过程中，高校体育竞赛可以引进商业化的体育竞赛管理模式和社会体育指导员参与体育项目培训和裁判等工作，让学生提前接受社会活动，加快学生社会化进程；同时，鼓励高校学生参加校外体育俱乐部，增加运动技能学习机会，将高校体育竞赛的覆盖面扩展到校外，为促进高校学生全面发展提供更好的环境支撑，以此强化高校体育竞赛面向人人的基本教育方针。

（2）压实多元赛事主体责任，促进体育竞赛现代化发展

坚持资源整合与科技融合相统一在高校体育竞赛创新发展中发挥着关键作用，通过创新全员参与的竞赛体系和构建多元主体参与的竞赛模式，有利于打破传统的组织模式，实现高校体育竞赛的全面发展。在这一过程

中，将资源整合与组织保障相统一的原则贯穿其中，将有助于构建更加协调、灵活和系统的高校体育竞赛治理机制。

首先，倡导建立“校企合作、产学研一体”的高校体育竞赛模式，实现高校资源与企业资源深度融合。该模式下，高校应与体育用品企业、体育科技公司等社会力量紧密合作，联合进行赛事赞助、赛事支持、产品研发等合作交流，同步引入先进技术，开展跨界企业合作，提升体育文化创意产业，以实现高校体育赛事的产学研合作一体化发展。此外，社会体育组织也可以与高校建立合作关系，为高校体育竞赛提供场地、器材、赞助等物质支持，或者提供专业的技术、咨询、培训等服务，促进高校体育竞赛的专业化和市场化。

其次，推行“众创、众筹、众测”的高校体育竞赛模式，通过互联网平台和社交媒体，广泛动员师生、校友及社会公众参与高校体育竞赛的规划、组织和评估，实现全民参与、共建共享的高校体育竞赛生态圈。在基于“众创、众筹、众测”的高校体育竞赛模式中，各赛事利益相关主体可利用互联网平台开展众创赛事活动，通过众筹方式筹集高校体育竞赛经费，同时借助大数据和人工智能技术进行高校体育竞赛的评估和改进，提高高校体育竞赛的运营效率和品质。

最后，打造“体育—科技”高校体育竞赛模式，深度融合前沿科技与高校体育竞赛，打造智慧体育赛事，拓宽高校体育竞赛的领域和形式。例如，当前电子竞技已成为大学生广泛参与的青少年娱乐活动，部分地区利用网络虚拟技术，以体育锻炼为抓手组织开展电子竞技赛事，得到了青少年群体的积极响应。基于“体育—科技”的高校体育竞赛模式，高校可以利用虚拟现实技术打造虚拟高校体育竞技场，实现全球范围内的线上高校体育竞赛交流与对抗，还可以利用生物识别技术开展个性化高校体育竞赛训练和健康管理。同时，结合区块链技术，高校可以建立高校体育竞赛数据信息化平台，促进高校体育竞赛数据共享和价值流通。

4. 拓宽全方位的高校体育赛事覆盖范围

(1) 完善分学段、分等级、跨区域的校园体育竞赛机制

目前，我国高校体育竞赛存在着覆盖面较小、参与人数少、组织形式固化、服务质量低下等问题，导致高校体育竞赛的功能和作用没有得到充分发挥，学生的体育需求未得到充分满足，体育人才的培养没有得到充分保障。基于此，本书提出完善分学段、分等级、跨区域的高校体育竞赛机制，进一步扩大高校体育赛事覆盖面，促进各类体育竞赛活动全员化、常态化、品牌化发展的构想。具体而言，高校体育竞赛应从以下几个层面入手。

首先，建立分学段、分等级、跨区域的高校体育赛事体系是全方位拓宽高校体育赛事覆盖范围的基础。高校体育赛事应按照不同学段设置不同级别的比赛，如本科组、研究生组，甚至可以细分为大一组、大二组等，以满足不同年级、不同学科背景的学生参赛需求。同时，各省市还应建立跨校区、跨地域的联赛和锦标赛，使得各个高校之间能够进行有序衔接，从而拓宽比赛的参与范围，激发学生的竞技热情。此外，高校应立足自身发展实际，构建融校内竞赛、校际联赛、选拔性竞赛为一体的体育竞赛体系，同步形成市、区、校三级体育竞赛制度和选拔性竞赛体系，进一步完善分学段、分等级、跨区域的校园体育竞赛机制，促进各类体育竞赛活动全员化、常态化、品牌化发展。

其次，建立分等级的竞赛分组和项目设置是确保比赛活动有序发展的重要手段。高校在完善体育竞赛体系时，还应充分考虑学生的体育需求和运动水平，将参赛队伍按照实力水平划分为不同等级的组别，如业余组、专业组等，以及设置相应的比赛项目。这有利于参赛者在比赛中更好地发挥自己的专长，提高比赛的竞技水平。而且，在赛事机制中，高校体育竞赛应多方面考虑，针对不同专业、不同兴趣爱好设置多样化的比赛项目，满足不同学生的参赛需求。此外，各省市官方体育协会应充分发挥统领作用，以城市为单位，充分发挥高校体育赛事联盟的纽带作用，定期开展同城校际跨区域体育竞赛，联合多个联盟成员协同举办综合性、高水平、专业化的体育竞赛活动，发挥示范引领作用。

最后，建立全员化、常态化、品牌化的高校体育赛事是确保比赛活动可持续发展的关键。高校在举办体育赛事时应强调建立跨校区、跨地域的竞赛联动和协作机制，确保各个高校在赛事举办过程中以建立统一的赛事管理平台、加强跨校区赛事的宣传推广、建立定期的交流合作机制等方式加强资源共享和合作共赢。同时，高校还应以体教融合为主要抓手，进一步在体育赛事中深化体教融合发展，整合体教优质资源，在学生赛事活动体系、注册管理、组织实施、场地共享、课余训练、后备人才培养、教练员裁判员培训等方面探索一体化组织管理机制。

（2）创新体育赛事组织形式，优化体育赛事项目设置

竞赛项目结构失衡，纵向布局衔接不畅是制约高校体育赛事发展的重要因素，合理优化体育赛事项目布局，增加弱势竞赛项目资源供给，发挥新兴体育项目的示范作用和辐射带动作用，推动竞赛项目布局由粗放型向集约型转变，恢复竞赛项目之间的“生态平衡”已成为当前完善青少年体育赛事的重要手段。事实上，当前我国大学生体育需求多样化，也更倾向

于追求新鲜、刺激、潮流的体育运动项目，而新兴体育项目具有的时尚性、休闲性、娱乐性、健身性，不但可以在高校体育课堂教学中对教学内容和项目资源进行有效补充，还可以满足当代大学生对时尚运动的追求。高校将新兴体育运动项目引入高校体育竞赛内容中，可以充分发挥赛事对体育锻炼的导向作用和价值引领，进一步激发学生参加体育锻炼的内生动力。

在具体实施过程中，一方面，高校应从引进新兴项目的高水平教师入手，引进轮滑、街舞、花样跳绳等学生更热衷的新兴项目教练员，开设体育课程，进行常规训练和课下指导；另一方面，将新兴项目纳入高校体育竞赛内容中，作为常规体育赛事开展，从而形成一校一品、一校多品的新兴体育项目发展新格局。导致高校体育赛事举办频率低、项目少的一个重要因素便是经费不足，要打破当前高校体育赛事经费仅由政府拨款、学校支持的局面，可尝试联合社会力量办比赛，有效拓宽竞赛经费来源。首先，高校可以依托地方体育产业和俱乐部等社会资源，鼓励商业机构冠名学校体育赛事，在提高企业知名度的同时扩大学校体育竞赛经费来源。其次，鼓励俱乐部和高校协作办比赛，支持学生参加社会比赛，将社会比赛奖项纳入学生奖学金评价体系当中，从而提高高校体育场馆使用效率，降低运营成本和人力成本。再次，在学校内部竞赛模式中，高校可以根据学生运动技能水平和体育需求多样化的特点，构建丰富多彩的竞赛组织模式，如针对刚刚入校的新生设置各个专项的“新生杯”比赛，针对毕业班设置“师生杯”娱乐赛等多样化的体育赛事。最后，高校可以尝试将体育竞赛放到和大学生体质测试同等重要的位置，将是否参加过体育竞赛作为奖学金评价的指标之一，鼓励全体学生积极参加校园体育竞赛，落实面向人人的基本教育方针，促进学生全面发展。

第六章　数字经济时代体育产业的创新发展与人才培养

第一节　数字经济时代体育产业的数字化转型

一、数字经济赋能体育产业发展的逻辑分析

数字经济赋能体育产业高质量发展的逻辑可以归纳为“体育数据价值化—体育生产数字化—体育治理数字化—体育产业高质量发展”，即以体育数据本身客观性、价值性、自由性的根本属性以及便捷高效、重组融合的衍生价值，实现体育数据的价值化过程；并通过对体育数据的收集、整合、分析，使数据融入体育产品生产各环节，形成狭义的体育产业数字化与广义的体育产业数字化，实现体育生产数字化过程；再运用数字治理驱动从整体性、系统性、协同性、智治性四个维度赋能体育治理数字化，提升体育治理现代化水平，最终实现体育产业高质量发展（见图 6-1）。

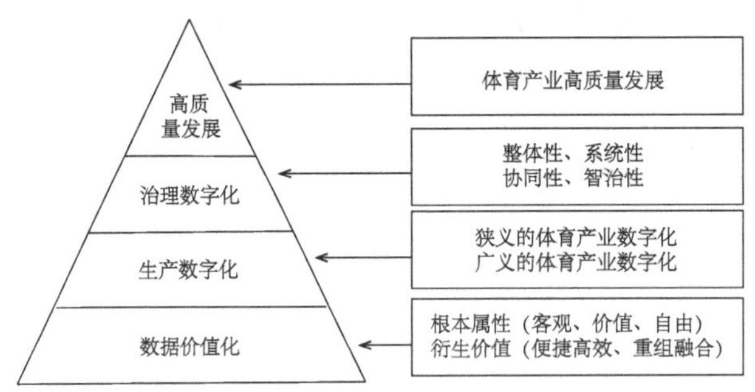

图 6-1　数字经济赋能体育产业发展的逻辑

（一）体育数据价值化

数据主义认为数据遍布世界各地，一切的事物、人、人际关系、文化

等都可以还原为不同算法模式下的数据。互联网数据中心预测 2030 年全球数据总量将达到 2537ZB，数字经济的影响日益凸显。就体育数据而言，体育数据是与体育相关的一切数据的统称，体育数据可划分为一维体育属性统计数据、体育属性和时空属性结合的多维数据，且体育数据多呈现普遍化、碎片化、无序化、多元化特征。体育数据无时无刻不充斥在人们的生活中。具体来说，竞技表演、健身休闲、体育用品制造等体育行业的各类活动均会存在体育数据，这些数据构成了人们对体育活动标准、规定的界定，也是对比体育活动的参数。人们所接触到的体育数据大多经过加工处理，“体育元数据”（未被加工处理过的数据）不能被直接使用或消费，数据本质上就是为了被分析、被解释，这一过程赋予数据以价值化。

将数据定性为生产要素之一，是其“价值化”最真实的体现。从体育数据的本质来看，客观性、自由性、价值性是支撑其价值化的根本属性。从体育数据的衍生价值来看，便捷高效性、重组融合性是促使体育数据价值化的重要支撑。体育数据在实现自身价值的同时，更多地体现在数据与其他生产要素的融合方面，催生出智能裁判、智慧体育服务系统等新技术，最终实现价值升华。

（二）体育生产数字化

在全民健身大背景下，体育产业呈现良好的发展态势。就体育产业而言，数字化转型包括产前体育数据要素投入、产中数字化管理、产后数字化流通以及消费、售后等数字化服务的全过程，形成体育生产数字化过程。体育生产数字化是基于数字化技术，对体育数据进行收集、整合、分析，使数据成为生产要素并融入体育产品的生产流程，是体育产业与数字经济深度融合的结果。从数字经济发展实践来看，数据要素的产生离不开数字产业化和产业数字化的融合发展。体育产业本质上属于实体经济范畴，通过生产数字化现有形式倒逼体育生产数字化并将其划分为狭义的体育产业数字产业化与广义的体育产业数字化两种类型。

二、数字经济时代体育产业数字化的转型动力

（一）科技革命为转型提供了新的发展空间

随着科学技术改革、产业变革的深入开展，体育产业数字化已经在很多相关经营领域中展现出优势：其一，在智能化体育用品制造方面，以数字化技术为前提推进体育用品制造，实现数字化工厂仿真，结合市场发展导向将生产制造划分为小模块，极大地提高了制造企业生产效率。其二，

在构建智慧化场馆方面，以先进智能化技术、大数据等优势力量进一步创新传统体育场馆功能，使体育产业朝数字化方向迈进，实现智慧化建设。其三，在产业链协同方面，基于数字化技术形成的产业链协同创新服务平台，让链条内企业全部获得了高水平服务，减少了中间环节，更好地推动了体育企业转型与发展。其四，在新型体育零售方面，运用先进技术手段让新零售与制造、销售等产业相结合，精准掌握受众体育需求，及时优化改进产品结构，基于需求建设数字化平台，增加体育产品、服务供应的数量，提高体育产品服务的品质。

（二）全新的数字消费需求为体育产业转型明确了方向

现如今，人民群众物质条件得到极大改善，对健康、健身等重视程度普遍增强。就体育产业而言，体育消费是其发展的重要前提。因此，越来越多的体育企业开始运用信息化、数字化技术，线上、线下融合，构建新型体育消费方式，为体育企业转型指明了方向。近年来，线上教学、直播带货等新形式不断出现，体育产业应从体育消费模式转型的实际需要出发，明确数字化转型方向。

（三）利好政策出台助力体育产业快速发展

近年来，大量利好政策、规范出台，涵盖了体育产业诸多方面。例如，实现体育制造的转型升级，会带来更多更为智能、快捷、便利的运动设备。再如，赛事表演等的数字化，可以有效提高场馆预订、报名等工作效率和服务能力。在数字经济时代，新媒体平台为传统体育企业转型发展提供了可能和路径，能够更好地满足体育市场的实际需求，并实现自身持续、良性发展。

三、数字经济时代体育产业数字化转型策略

（一）完善相关政策，打造优越的转型环境

数字经济时代，体育产业转型发展获得了良好的发展机遇，但也存在一定挑战。政策法规的出台能够为数字化转型提供有力保障，形成满足转型需要的政策环境。首先，全面对数字经济时代相关情况进行研究。各级政府要积极从法律层面加强数字体育建设，出台关于体育产业数字化建设方面的法律法规，通过数字化手段开展全方位监管，以强化体育企业对信息安全的重视程度，使其规范化生产经营，在保证数字信息安全的情况下良好发展、充分应用数字技术。其次，提高政策可行性。各级政府要从体育产业数字化转型发展需要出发，密切体育部门与财政、税务、工商等部

门的联系，强化财税支持、数字化补贴等政策，并保证相关内容细化具体、标准规范，为政策落实提供便利，大力扶持体育企业。同时，建立以数字化为前提的服务机制，大力支持、扶持体育企业，全面分析数字化政策以及市场需求，加大对体育事业发展的投入力度，为体育企业提供更多的数字化转型指导与建设标准，让相关利好政策真正发挥出其优势，让中小微体育企业敢转型、会转型。最后，将政策落实到位。各级政府要完善监督、评估制度，借助网络信息技术平台，建立全面覆盖、立体化、数字化监察机制，对政策执行实施闭环管理。同时，进一步公开政务信息，及时了解民众需求、意见以及想法，对当前政策、工作实施结果进行准确评估，推进数字化建设进程，切实提高政务服务水平。

（二）优化体育企业发展模式，为数字化转型提供动力

在数字经济时代，体育产业开始向数字化方向迈进，体育企业为顺应这一发展趋势，提高市场占有率，必须增强竞争力，将消费者需求作为前提，进而满足发展变革的需要。体育企业要充分利用各方优势，建立新型发展模式，促进体育市场进步，让数字化与体育产业达到良好的融合效果。首先，对数字化经营模式进行调整和创新。从市场发展、用户需求等方面出发，体育企业利用视觉识别、虚拟现实技术等先进技术手段，让用户获得全新、智能化的消费体验，借助先进营销方式，为用户提供新媒体、数字化运营模式，更好地实现与消费者的交流互动。体育企业应密切维护新老客户关系，加大广告在网站、新媒体中的投放力度，在微信、抖音等平台开展大数据分析，了解客户行为，并在大数据技术下真正把握体育市场数字化发展要求，实现精准营销，全面把控目标对象与消费需求，更为精准地提供体育产品与服务，让消费者对企业更忠实，提高消费黏性，留住消费者。其次，完善数字化生产模式。对新技术进行研究开发时，体育企业应有超前眼光，积极研究在数字化领域体育产业形成的最新成果，将数字技术转变为生产力，让体育产品与服务实现高效率、高质量生产。借助数字技术及信息化方式，全面、系统地更新改造体育产品和服务，使其朝着智能化、自动化方向发展。构建网络连接下的产业链条，让生产过程可视化，并得到有效控制，减少企业生产成本。最后，改善数字化运营方式。通过数字化平台的构建，转变过去企业各经营环节各自独立、信息孤岛的情况，让企业运行、决策水平得到提高。构建体育产业信息化平台，密切产业链、供应链间协作，做好体育数字资源采集、共享，全面推进体育产业数字化转型发展。

（三）加强体育产业融合，促进数字化转型落实

第一，与体育竞赛表演相融合。信息化时代，可以借助塑造品牌形象、广告等诸多方式，让体育竞赛表演产业规模逐步扩大，为数字化转型发展提供支持和可能。

第二，与健身产业融合。近年来，全社会掀起了健身热潮，在此背景下，民众消费结构不断调整和优化。在通过数字化手段生产、销售健身产品时，体育企业可以对营销方式、运动场景等进行创新，密切线上与线下交流，形成全新发展空间。

第三，与体育制造业融合。数字技术手段有助于体育制造业转型发展，让生产制造实现智能化、现代化、高效化。

第四，与场馆服务融合。数字化时代，体育场馆服务展现出更为高效便捷的特点，有助于提高体育场馆智能化发展水平，让消费者获得更为良好的服务体验。

第五，与体育用品业融合。体育用品业的数字化发展可以与新零售融合，系统地掌握体育市场发展变化，将更高品质的产品以及更优的服务展现给消费者，降低企业在库存方面的负担以及成本的压力，在数字化转型中推动企业升级改造。

（四）倾力打造数字消费群体，筑牢消费群众基础

顺利推进体育产业数字化转型，必须有广泛的群众基础。首先，实现城乡体育协调发展进步。在乡村加强数字化体育设施建设，扩大网络覆盖面，借助基层网络资源优势，促进乡村数字体育良好发展。由于城乡存在比较大的经济和文化差异，消费特点不同，应建设适合乡村居民的体育服务，使村民对数字化体育产生强烈认同感，让操作更加简单便捷，提高村民参与积极性，形成全新的体育数字乡村，为体育产业数字化转型提供更多三线以下城市、县镇与农村地区市场。其次，提高民众数字化水平与素养，完善教育培训机制建设，发挥社区、学校优势，组织开展讲座、竞赛等多种活动，使民众从更加全面的角度把握数字技术。发挥志愿人员、健身带头人优势，强化其数字化应用能力，更好地服务群众，对其开展更为专业、系统化指导，为体育产业数字化转型打牢群众基础。最后，提高民众对数字体育消费的兴趣和欲望。认真对体育消费群体进行区分，尤其要对特殊群体，如残疾人、老年人等给予更多关注，让数字化体育产品更具个性特点，满足不同群体的实际需要。还可以组织召开数字化体育消费博览会，向群众发放数字体育产品消费券，以刺激群众，提高其消费欲望。

（五）建立科技平台，支持产业数字化转型

如今，国家积极倡导数字经济与实体经济同步发展，因此建设科技平台可以让转型获得有力保障。数字化转型发展离不开平台，在转型过程中，科技平台能够促进产业要素连接，不仅能够使企业转型顺利实现，还能够培育出更多新产业组织。首先，充分展现科技平台优势，推动体育企业实现“上云用数赋智”，帮助体育企业解决数字化转型中数据获取难度大、成本高等难题。其次，利用科技平台加速体育企业数字化转型。借助平台赋能，对体育市场资源进行整合，确保体育企业合理分工，密切上下游体育企业间联系，将平台经济优势展现出来。最后，依靠数字化平台，体育企业能够摆脱传统供需模式束缚，准确预测市场发展趋势以及消费的具体需求，让生产、服务更具针对性、精准性，使传统体育产业组织模式得以创新和重新构建。

（六）实现多元化治理，提高数字化治理水平

其一，实现多主体共同治理。在数字经济时代背景下，各主体都可以融入数字经济发展中，在此过程中，应注重开展协同治理。如今，体育产业已经在数字化转型上取得了良好的成效，并且展现出了新的发展态势与形式，市场主体的身份更加不确定，实现多元化治理能够减少问题，对于加快产业发展、提高市场运行效率有积极作用。应建立涵盖政府、企业、社会等多方面的管理与治理体系，为体育产业数字化转型发展提供支持。其二，在多元化治理过程中，借助平台优势，精准划分各方责任，充分展现出平台监管、纽带优势，如体育培训业 O2O 模式，借助线上平台可全面、系统化监督培训服务、培训产品。此外，针对线上体育用品销售，优化质量标准，充分发挥平台共同治理优势。

（七）加强数字化人才培养，为数字化转型提供人才基础

在体育产业数字化转型过程中，人才是最为关键和重要的，加强数字化人才培养是当前重点工作之一。从政府角度来讲，政府应认识到当前体育市场对人才的具体需要，以便优化人才发展战略。让更多高素质、高水平的数字化人才进入体育产业，更好地为体育产业转型发展服务，并在准入门槛、投资等方面给予有力支持。同时，形成数字化人力资源管理平台，结合目前体育市场发展需要做好数字化、专业化人才教育培训，为体育企业输送更多优秀数字化人才。为进一步优化人才结构，还应做好社保、养老、医疗、纳税等方面的工作，改善数字化人才福利待遇，吸引更多人才投身体育产业。通过政府帮扶，培育大量优秀体育产业人才，为数

字化转型奠定人才基础。从企业角度来讲，体育用品企业应认识到目前内部数字化人才整体情况，与人才保持良好沟通，转变过去企业指挥命令工作人员的模式，构建全新的劳动关系。同时，为数字化人才提供良好的就业以及创新机会和平台，将人才优势最大限度地展现出来，让数字化技术人才更好地为体育企业发展作出贡献。

第二节　数字经济助推智慧体育产业发展路径探索

一、智慧体育产业的内涵与外延

（一）智慧体育产业内涵

"智慧体育"能让体育的服务与管理更聪明，它无处不在的各式传感器可实现对各种体育行为的全面感知，再利用云计算等智能处理技术对海量感知信息进行处理和分析，对竞技体育、全民健身、体育场馆及设施等各种需求作出最终的智能响应和智能决策支持。"智慧体育"是体育信息化的进一步发展和深化，是体育信息化的延伸、拓展和升华。智慧体育产业可理解为：通过市场机制整合人才、资本、设施、信息等资源，借助企事业单位的终端手段，将智能科技融入体育生产生活中，生产智能体育产品和服务，并进一步通过商业消费市场的经济交换活动，创造出智能化的体育体验价值。智慧体育产业最重要的元素就是"人"，更准确地讲应该是"体育运动参与者"。智慧体育产业首先需要对消费者产生价值，然后才对商业具有价值，所以必须根据其特性来拓展价值，尝试利用信息交流技术来提供高质量的体育服务，让企业对体育及其相关服务做得更加智能。总之，智慧体育产业的内涵是创造智能化的体育体验价值的系统，是为"人"提供主动的体育服务模式的经济活动的集合，其本质上具有科技、经济和服务的属性。

（二）智慧体育产业外延

关于智慧体育产业的外延，科技研究者倾向于将智慧体育产业外延划分为基于云计算、基于大数据、基于物联网、基于定位导航技术、基于生物仿真等一系列智能体育产业门类；政策研究者倾向于将智慧体育产业外延划分为智能体育场馆及其他基础设施建设、体育政务管理智慧化、全民健身智慧化、竞技运动训练智慧化等产业工作模块。对比可知，前者强化了智慧科技，却相对忽视了体育内容，而后者强化了体育工作板块，却相对忽视了智慧经济逻辑，两者都没有很好地体现“智慧”“体育”“产业”三者的融合。我们综合内容、方式和业态几个维度，提出“智慧体育产业”的外延范畴如下。

1. 智能体育运动材料的研发与生产

智慧体育产业在体育产业中的崛起，首先便来自“物”的改变。智能运动材料的研发与生产对体育产业的影响是基础性的，也是深远的。相对于传统材料而言，智能运动材料具备传统材料所没有的新性能、新功能，具有技术高度密集、产品的附加值高等特点，其研发水平及产业化，特别是拥有智慧知识产权的数量和质量，可以作为衡量智慧体育产业竞争力的重要标志。新的运动服面料带来防水、透气、舒适、阻隔气味等新功能，采用生物混合技术的运动衣，可以通过弯曲来应对皮肤的水分，并产生空气流动来帮助去除皮肤上的水分。英国 Olivia 公司曾经将电子传感的最新科技成果应用到纺织品制造中，生产出来的智能衣料有极强的环境感知能力，甚至颜色的变化都可以根据环境而定。Wearable Experiments 公司针对体育运动爱好者的一项研发，重点考虑了运动强度和运动者的身体形态，开发出了一种带有传感装置的材料以适应运动者的身体形态，该材料突破了无线网络应用技术，使服装对应运动者身体作出反应。类似已经生产的产品或概念性产品还有很多。

2. 智慧体育生活服务的供给

按照市场的构成要素，“智慧体育市场＝体育人口＋智慧体育生活的欲望＋购买力”。也就是说，智慧体育产业的目标市场，源自人们的智慧体育生活。智慧体育生活是一种新的生活方式，与传统体育生活相比，它的发生环境和生活内容都有很大不同。互联网环境的成熟与相关技术的进步，使得有需求的消费者可以快速找到对应的服务提供者，大幅降低双方的交易成本，达到经济学强调的“供需均衡”。随着共享经济的蓬勃发展，传统经营形态与观念被颠覆，共享经济将为消费者提供更有效率、更便利的服务。以往体育爱好者只是就近选择小区、学校、健身路径进行体育锻炼，对空间的可达性要求较高，参与人群也相对稳定。在共享理念下，体育不再受地理空间的限制，体育生活的社会网络也更加庞大和复杂。球场、操场都可以成为共享产品，具有预约等功能的网络平台和手机 App 也不断出现在智能体育市场中。新媒体环境下体育内容的呈现将更多倾向于数字化、模块化、自动化、多变性、横跨式的编码。

3. 智能体育生产管理方式的变革

体育管理是全球性课题，且与科技革命关系密切。全球化、科技革命、信息社会、媒体革命等新的发展趋势正带来全新的体育管理方式，同时，大数据、云计算、移动 App 和社群媒体将创造出新的体育商业行为和商业模式，未来体育赞助商、媒体与代理商、国际性体育组织必须思考如何整合这些科技来提高效率，创造更多的利润。随着信息化时代的到来，人类社会发生了翻天覆地的巨变，类比式的资料形式不再流行，而是转换为数字形式储存的资料，然后再形成云端的储存方式，这些改变不但重塑了商业模式，更创造出新形式的经济价值。毋庸置疑，智能科技正在以意想不到的方式彻底改变体育，科技革命正在重塑世界。可见，大数据、云计算、物联网等智能科技已经被广泛应用在体育领域。

综合而言，智能科技对体育生产管理方式带来的变革主要包括更精准的技术、提供更多资料给热衷统计数字的球迷、为可穿戴式科技提供资料、收集球场上的即时数据、预测球迷的喜好、给综合型球迷与数字天才创造职业机会、建立有利论点影响教练决策以及合约谈判等。随着科技的日新月异，人们可以预见更多的体育管理智能应用，也可以预见更加多样化的智能体育生产管理方式。

4. 电子竞技产业的升级

2022 年亚运会正式设立电子竞技比赛项目。虽然电子竞技在青少年中较为普及，但是对于电子竞技究竟应该不应该被视为一项体育运动，一直都存在争论。

体育运动是以各种身体活动为表现形式，通过休闲的或者有组织的参与，来改善身心健康，优化社会关系，获得竞赛锦标的社会文化活动。倾向于把电子竞技当作体育运动的观点以“竞技性”作为支撑，认为电子竞技的胜负元素和比赛对观众的吸引程度是毋庸置疑的体育运动。电子竞技被诟病最多的就是缺少足够可见的身体动作，但是电子竞技选手是需要手眼协调能力、行动反应速度以及战略战术的分析判断理解力。虽然国际奥委会还无法确定电子竞技的身份，但目前电子竞技的发展已经呈现出极强的全球化趋势，单项比赛和联赛并存、赛事转播、选手的转会、赛事赞助、衍生产品开发等要素齐全。在超出了原有的电子游戏层面后，电子竞技已经从单纯的“娱乐”走向“工作”，很多青少年不仅可以通过电子竞技获得休闲，还可以借助电子竞技形成团队，甚至可以获得一份以电子竞技谋生的工作。

二、数字经济助推智慧体育产业发展的路径探索

在数字科技革命和智慧经济产业快速发展变革的指引下，数字经济发展与智慧体育产业融合可以加快驱动体育智能产业快速优质发展，所以对数字经济驱动体育产业高质量发展的探讨还有较大空间。鉴于此，基于数字经济时代背景，探索驱动体育产业高质量发展的变革机制和实施路径，就有极强的学术价值，同时在实践中也意义重大。数字经济与智慧体育产业深度融合催生价值增值，是引领智慧体育产业快速优质发展的内在要求。数字技术的发展能够助推智慧体育产业提高生产效率，提升产品功能，保障企业的竞争活力。

（一）营造体育产业数字化发展的制度环境

产业发展离不开政府的政策支持，形成一定规模或产业链更要在政策的引导下，以便更直接、更准确地熟悉市场，从而制造出与市场需求高度契合的产品。因此，政府、企业之间呈现出相依相生的态势。政府顶层设计与协同治理，涉及产品定位、产品生产、产品销售、融资扶持、环境优化、用工引智等方面，能够助推企业健康发展。在数字经济时代，政府与市场的监管更多偏重于门槛管理、政策管理，政府要按照中国特色社会主义市场经济的需求，结合国家经济发展战略，结合本地区域经济发展和经济开发区建设，制定标准、规则、制度，营造体育产业数字化发展的制度环境，为体育产业高质量发展保驾护航。

（二）提升体育产业数字化发展的竞争活力

培育壮大市场主体是社会主义市场经济发展的必然要求，也是活跃市场的根本。体育产业数字化发展要立足大局、主动作为，紧跟时代发展、紧跟国家战略布局，共同肩负起加快数字经济高质量发展的重要责任。坚持项目为主，围绕智慧体育产业，着力引进建链、补链、强链项目，以项目推动特色体育产业集聚发展，在做大做强的同时要突出鲜明的特色。精准招商方向路径，突出投资体量、投资强度，引进高质量产业项目。同时优化政务服务和政务管控，提升体育产业链的整体竞争优势。提升企业发展中的风险管控能力，有效促进数字经济背景下体育产业的持续健康发展。

（三）壮大体育产业数字化发展的消费市场

伴随着全民健身战略的全面推进，人们为了健康需求，获得运动的乐趣，开始寻找适合自己参与的体育活动，我国体育产品步入了发展的高峰

期。群众型体育项目和时尚型项目的产品越来越智能、合理，多样化的智能产品能满足不同项目、年龄、性别及价格定位人群的需求。主产品与附加产品组合销售推广更加有吸引力。随着互联网的迅速发展，在线购物渠道逐渐完善，体验式营销得到人们的青睐，消费市场逐年壮大。为此，市场宣传与品牌推广要注重产品服务的大众化，对消费者定位要清晰，对推广的对象要明确。品牌推广一直所秉持的原则是得到更多消费者的青睐，只有一贯遵循“让大众共享运动欢益”的理念，持续推陈出新，才能使智慧体育产业数字化发展大环境呈现出向好的发展趋势，并迸发出无尽的生机和活力。

三、智慧体育产业的数字化发展措施

数字经济驱动体育产业高质量快速发展，是当前互联网时代提升社会经济增长、保障人们健康生活、实现共同富裕的重要因素。

（一）“互联网＋体育产业”的数字化发展

数字经济时代，体育赛事转型发展已成必然之势，且发展迅猛，大型体育赛事运营已经离不开数字技术的支持。互联网、大数据、云计算、智慧平台等数字化技术已经渗透到体育赛事产业发展的各个方面和环节，被应用在管理、营销、服务、产品、设备、器材、场馆、安保、交通、医疗、通信等各个环节，贯穿赛事整个过程。强大的数字技术促使体育产业智慧化发展，构建更多的新模式，如数字体育、智慧场馆、智慧赛事、智慧健身、智慧教育、智慧生产等，形成多元化的体育产业数字化时代，提升区域体育产业发展的能力，有效提高时间、空间、距离上产生的低效率，推动世界体育赛事整体提质增效，融合发展。例如，杭州市黄龙体育中心是全国首个实现智慧运营的体育场馆，该场馆通过数字技术实现智慧大脑，控制并检测整个系统，达到人员数量、空气质量、灯光照明、消防安全、自动售票等一体化发展。

（二）“区块链＋体育产业”的数字化发展

体育产业的发展是以政治、经济、文化等发展为基础的，是满足人民精神文明追求和提高生活质量的产业，是共同富裕下经济结构发生转型的重要动力源泉。体育产业已成为推动国民经济发展、完善社会主义市场经济体系以及提升国家综合实力极其重要的一环。但是，近年来，过快的发展速度导致很多政策、法规、技术、人才不足以适配体育产业的发展。区块链技术的出现为解决以上问题提供了帮助。区块链技术的成熟标志着经济模式发生了重新构建与整合，凭借去中心、去主体、智能化发展，产业结构形成治理格局多元化、管理机制信任化、产业环节和谐化、生产模式优质化、风险防控评估化。区块链技术提倡技术创新、培养人才、对接市场、搭建载体，需要加强政府、企业、高校、科研机构之间的深度融合，达到资源互补共享、互利共赢；要大力发展产学结合，建立人才培养基地和实践平台，打造智慧体育产业发展之路。区块链技术的发展将推动体育产业向数字化、智能化、科技化高质量前进。

（三）“人工智能＋体育产业”的数字化发展

人工智能技术标志着人类第四次工业革命的开始，是数字化发展的最高阶段，是推动我国体育产业高质量发展的有效手段，诞生了诸如智慧医疗、AI 实验室、数字化教育、智能体育等新领域。智能技术也同时引导着体育工作者的学习和开发，体育人工智能产品的研发进步将加快体育智能系统的诞生和普及，促使人工智能产品从虚拟走向现实。新产品的诞生和发展，从尖端到普及，发展的每一步都要与消费者的能力相匹配。由于体育产业的特殊性，相关科研人员也深谙此项产业发展的独有特征及普遍性，不断尝试使用“体育＋智能”领域的技术方法解决问题。人工智能是体育产业创新和发展的重要技术基石，如新兴的抖音直播、线上智能研讨活动和智慧化教学竞赛等，将是数字时代智能体育产业数字化发展的重要技术和途径。其研究发展既可以根据少部分消费群体需求进行私人定制，也可以根据大部分人群需要进行推广和普及。因此，消费群众的心理需求从某种程度上会加快智能体育产业与人工智能的融合。

产业整合是现实社会发展的必然，要发展，就必须顺应现实社会发展诉求，体育和人工智能的融合就更好地满足了现代社会的需要。人工智能为很多运动爱好者提供了更好的健身服务，商家获得了更多的经济收益，场馆使用效率和功能得以提高，从而促进了智慧体育产业的良性发展。另外，与体育相关的旅游产品、智能服装及其他产品也迎来了很好的发展前景，从而使第一产业和第三产业完美融合，体育产业将通过互联网、数字化得以完全整合。人工智能技术与体育用品制造业融合发展，加快了相关企业的智能化、自动化发展。

第三节 高校智慧体育服务体系建设与智慧场馆创新发展

一、高校智慧体育服务体系建设的价值分析

（一）助力提升全民健身公共服务水平

实现健康中国战略要立足于建成更高水平的全民健身公共服务体系。2022年，中共中央办公厅、国务院办公厅印发了《关于构建更高水平的全民健身公共服务体系的意见》（以下简称意见），要求各单位实施体育活动促进计划，构建更高水平的全民健身服务体系①，此举契合人民群众，尤其是封闭管理下受冬奥会、冬残奥会及大运会竞赛精神辐射的高校学生的现实诉求。近年来，政府接连出台了诸如《“健康中国2030”规划纲要》（以下简称纲要）、《健康中国行动（2019－2030年）》（以下简称行动）、《“十四五”体育发展规划》（以下简称规划）等，均着重提及推动完善全民健身服务体系，一系列政策文件充分体现出政府对建设高水平全民健身公共服务体系的高度重视与战略前瞻。政策的重心在于落实，高校传统的校园健康服务体系亟待提质升级，而相应地秉承意见、纲要、行动、规划等文件的行动纲领和建设理念，针对当前大学生现实诉求打造的差异化与协同性并存的高校智慧体育服务体系，从参与主体的多元化、供给内容的多样化以及服务模式的创新化印证了它是更进一步、更高水平的全民健身公共服务体系。

（二）驱动高校体育服务途径的融合转型

目前而言，智慧体育仍是一个相对年轻的概念，作为智慧城市的一种内部深化，它基于信息时代的技术赋能，纳入智慧城市的理念在体育领域进行延展，是“技术＋理念”的高级生态系统。其具体生动的案例莫过于

---

① 中共中央办公厅 国务院办公厅．关于构建更高水平的全民健身公共服务体系的意见［EB/OL］．（2022－3－23）［2024－8－23］．http：//www.gov.cn/zhengce/2022－03/23/content_5680908.htm.

“科技冬奥”提出的技术惠及生活①，大运会公园倡导的智能化运动场馆结合生态文明共同建设②。驱动智慧体育融入校园服务同样是构建这种面向未来的新模式，并不是在原来的基础上嵌入式发展，而是要由内而外地打破式塑造。从外部看，科技创新和技术扩散为智慧体育融入校园提供了良好的外部机遇；从内部看，建设之初预设智慧体育的融入将推动校园服务高质量发展，校园服务高质量发展映射出体系建成之后将实现高校学生的高品质生活，学生的现实诉求也正是要求高品质生活，两者目标的一致性意味着理念的完美对接，为智慧体育顺利融入创设了和谐的内部环境。校园智慧体育服务体系将给高校传统的健康服务生态造成冲击，使其从管理到供给都发生颠覆性转变：打破体育资源条块式分割现状，由“分散式”到“整合式”走入常态化管理；健康服务供给在能用够用的基础上实现模式改革，从“普惠式”到“综合式”，为学生提供个性、智能、灵活、全面的服务；推动智慧体育扎根校园致力于打造全民健身事业中的高质量发展案例，在为高校体育服务体系指明融合转型之路的同时，助推智慧体育行业高质量发展。

（三）以高效供给提升师生的运动参与度

高校智慧体育服务体系可通过服务平台提供虚拟社区与信息反馈等功能服务，结合现实空间改造的健康支持性环境，合力构筑良好的健康传播环境，保障校园体育资源的高效供给。服务平台作为信息共享、即时交互的垂类平台，基于去中心化的传播语境服务校园用户，与线下的健康支持性环境达到“同频共振”，充分融合物联网、互联网、大数据等各项信息技术的价值之后，呈现出来就是打破空间限制——现实空间在高校智慧体育服务平台上被全面消解，虚拟社区、信息反馈等功能服务有效拉近人与人、人与物之间的距离；瓦解时间限制——健康支持性环境重构了师生对于高校体育资源的使用时间，实现了场馆资源与户外资源同样全天候开放。另外，深陷信息茧房、缺乏运动意识等少部分运动参与度极低的大学生是高校体育工作的重点关注群体，良好的传播环境与健康支持性环境可

---

① 冬奥，智能新时代——科技冬奥将如何改变我们的生活？［EB/OL］.（2021－3－4）［2022－8－20］. http://www.xinhuanet.com/2021－03/04/c_1127168170.htm.

② 成都高质量筹办大运会［EB/OL］.（2021－10－7）［2022－8－25］. http://caper.people.com.cn/rmrb/2021－10/07/nw.D//0000renmrb_20211007_5－01.htm.

有效唤醒学生参与身体活动的内在驱动力，推动这一群体主动融入体育运动。内在驱动力与诱因持续性的相互作用激发了学生个体强烈的运动动机，高效的体育资源供给保障了全校师生的运动参与，进而达成校园内全体师生健身、全体师生健康的根本目标。

二、高校智慧体育服务体系建设

(一) 高校智慧体育服务体系建设的基本原则

1. 因地制宜

国内高校传统的校园资源布局呈现条块状分布，体育资源与自然资源之间存在断隔式的界限，双方缺乏明显的发展联系。资源条块状分布也将校园服务体系从整体分割成部分。实现校园人文服务和自然资源有机融合的关键一步便是因地制宜地进行资源整合，科学合理地规划布局。所谓因地制宜、科学合理是指基于校园资源当前阶段的实际建设情况进行调整改造，兼顾体育资源与自然资源联动发展的空间布局需求，将不同区域划归明确的服务功能。同时，高校积极发掘自身的改造侧重点，突出校园所在的地域特色，这样才能保证校园服务体系具备长效发挥的潜质，如厦门大学基于中国传统文化“四灵环抱”“太极阴阳”等，结合学科特色而打造的翔安校区①，可列为高校因地制宜、科学布局的学习案例。

2. 以人为本

高校智慧体育服务体系构建的初衷要注重从以人为本的角度出发，奠定学生作为校园健康服务的主体地位，在服务供给区域持续渗透“健康第一”的思想，营造全体学生广泛参与的校园运动氛围，让学生明白“健康的第一责任”是自己。体系基于健身与健康深度融合建立健康支持性环境，以简单便捷、全面覆盖的室内与室外服务模式实现学生身体活动和心灵交际的现实诉求，吸引学生走出信息茧房，逐步提高学生运动健身的参与度，培养学生的主动健康意识，推动学生主动融入校园环境。可以说，高校智慧体育服务体系既延续了中国传统的教育理念，也落实了新时代高校健康工作与体育教育践行的“健康第一”思想。

---

① 中国绿色学校．校园规划真的可以“天人合一”？这所高水平研究型大学做到了［EB/OL］．(2019－10－31)［2022－5－12］．https://m.thepaper.cn/baijiahao_4827930.

3. 按需配置

当前人民群众体育健身需求呈现井喷式爆发，科技应用将成为平衡供需的关键。需求端的日益增长造成高校供给端无法有效匹配，与城市、社区全民健身资源供给端存在的问题类似，校园健康资源供给也同样存在分布不均、种类单一等问题。在全民健身事业大趋势下，高校智慧体育服务体系要以需求为导向，以“智慧化”为中心，提供简单快捷的全面服务，从场馆与精神两方面进行架构以维持校园健康服务均等化、标准化、多样化供给。一方面，建设与学生人数规模相适应的智能运动场馆设施，供给端扩大增量也将反过来刺激需求端体育资源建设，同时，协同推进户外生态文明的建设；另一方面，在场地设施建成之后，定期开展体育竞赛与健康活动，并在服务平台开放交流功能区，提升学生体育项目参与度和运动过程体验感，满足学生精神层面的交际诉求。

4. 绿色创新

与高校提供的传统体育服务不同，校园智慧体育服务体系从本质上推翻了传统模式，以“创新”“绿色”为主题词建立具有“十四五”时期发展特征的创新模式。发展理念是发展实践的先导，构建校园智慧体育服务体系必须以“智慧化”为内核驱动，通过物联网、互联网、大数据等多种信息技术的融合打造智能体育场馆、线上信息反馈机制、虚拟人际交互社区，将智能化推广普及学生群体，并在今后运行过程中不断融入新技术，让“创新”成为校园智慧体育服务体系的内生动力。场馆、户外建设使用绿色建材和可再生能源，按人口要素统筹校园自然资源与体育资源新布局，实现生态文明和人文服务和谐共生，并维持可持续发展。

（二）高校智慧体育服务体系构建

作为与高校传统体育服务模式有巨大区别的创新生态体系，高校智慧体育服务体系的建构体现出了信息时代先进科技与健康支持性环境“共生相互依存”的特征，通过深耕线上业务场景和线下运动场景，基于多种信息技术介入改造校园现实地域空间，生成网络虚拟服务平台，以网络为媒介连接两者在同一系统中联动发展。大多数高校的体育服务模式符合典型的高校传统式体育服务供给模式，其单一化、松散化、碎片化的体育服务方式与结构造成供需失衡，同时导致校园体育管理机制不健全、生效难。问题长期存在所反馈出来的信息就是体系亟待改革，厘清高校智慧体育服务体系的价值蕴含和基本原则正好对应解释了重构体系的必要性与重要性。智慧城市、智慧社区已经阐明体育智慧化将推动全民健身高质量发展，身处高校智慧体育服务体系之中，学生通过网络虚拟服务平台得到体育智慧化服务，将满足自身对于运动场馆使用、人机交互、活动与竞赛参与等方面的需求，提高校园体育、自然资源的利用率，有效促成校园闲置资源与服务水平的再升级。高校智慧体育服务体系框架如图 6-2 所示。

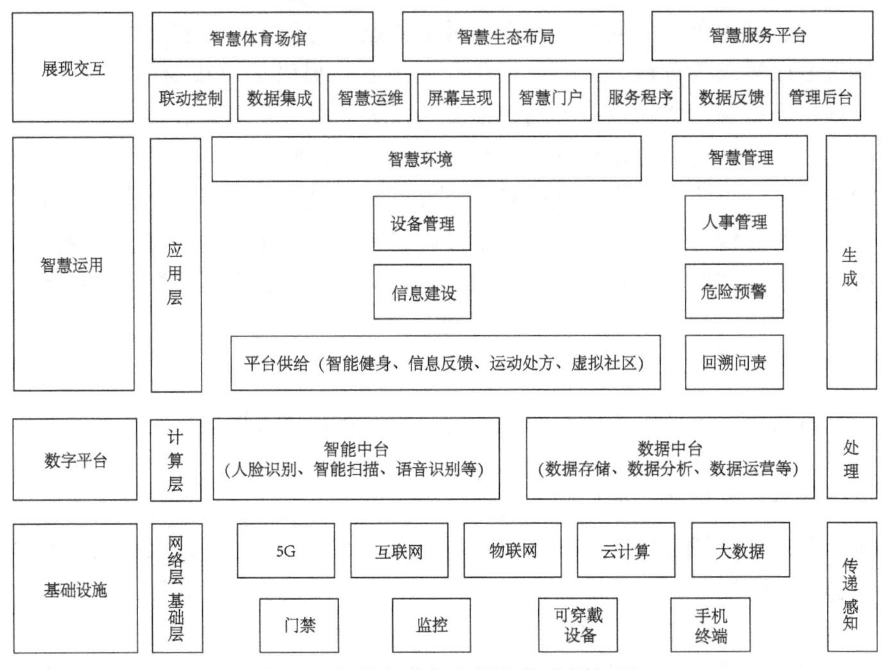

图 6-2　高校智慧体育服务体系框架图

1. 体育场馆智慧化

智能体育场馆是信息技术与体育实体建筑深度融合的典型代表。不同于高校传统的体育场馆关注点基本着眼于物理空间，智慧体育服务体系下的体育场馆智慧化转型更多注重环境、服务等建设。例如，某高校作为第 31 届世界大学生夏季运动会场馆提供地之一，通过积极修缮达成体育场馆资源的完备，在整合现有资源的基础上利用科技对体育场馆进行由外及内的一体化改造。首先，门禁设备与人脸识别、联动测温、扫码技术的结合实现了无感化入场，通过标记并锁定异常者反馈系统后台，严格公共场所入内制度。其次，场地内部通过安装自动感应装置，如智能灯控、温控等，实现能源合理节约使用；不同场地对应的专属摄像头可抓拍运动参与者的精彩时刻，提供个性化服务；由运动参与者选择性佩戴的智能可穿戴装备如手表、腕带等，实时监控、记录及上传运动参与者的生理变化与运动数据，为运动过程安全提供保障。最后，通过人脸识别、智能监控和系统数据监测，对使用者违规操作进行预警和回溯问责。

2. 生态布局智慧化

某高校人工湖坐落于校区的中心区域，其面积、地势与现有建设极其符合小型公园的特征，参照城市公园的功能分区进行布局是具有可行性的。人工湖紧邻教学区的一侧是行课期间师生必经之地，利用教学区学习氛围的浸染，将其打造为体育文化走廊，旨在科普体育史，宣扬体育精神。走廊上方环境幽静，地势高低起伏，增设一定数量的凉亭、桌凳，冠以“学术交流（问题讨论、茶话会等）、休闲娱乐（棋牌、游戏等）”之名，通过简单变动拓宽了校园可用空间。走廊对岸岛屿地势平坦，可增设一定数量的公园健身器材，打造成户外健身区，开拓学生室外运动的多样方式。室外跑步向来是大学生主要的运动方式之一，夜跑更是多数高校学生参与度最高的运动。人工湖智慧跑道可在户外健身区竖立智慧大屏，学生使用服务平台账号即可登录，智慧跑道分段设有人脸识别杆，无须佩戴硬件装备，通过人脸识别技术即可自动记录运动者在跑道内的运动数据，大屏自动依照数据为参与者排名。另外，人工湖智慧跑道依据沿岸走势串联三大功能区，周边自然环境与地势坡度起伏也为参与者提供趋近真实的户外跑步感受。对人工湖的布局改造让校园休闲体育中心成为集文化、休闲、运动、科技四种元素于一体的健康支持性环境，真正达到了与城市体育公园相同的功能服务层次。

3. 服务平台智慧化

线上服务平台由“一主页四板块”构成。一主页，即用户登录客户端后所显示的“我”的界面，四板块依次为智能健身、信息反馈、运动处方、虚拟社区，除虚拟社区是综合服务板块外，其余三板块功能指向性明确，服务内容的供给都基于相同的逻辑生成。站在信息技术架构的视角审视，运动数据从零到有，经过处理加工到变化衍生出服务内容，一共需经历四个层次：基础层通过传感、识别等技术进行获取；网络层运用互联网、移动通信网等技术进行传输；计算层借助云计算等技术进行归类、分析及挖掘；应用层利用人工智能等技术进行内容衍生后呈现。四个层次分工明确，“基础层—网络层—计算层—应用层”对应着“感知—传递—处理—生成”的服务机制（见图 6-2）。“一主页四板块”的内容构建让线上服务平台成为自媒体垂类平台，用户仅需“一键式”点击便能获取服务内容。立足用户的使用流程，四板块的功能衔接环环相扣形成一个“服务闭环”：①智能健身。提供线上实时查询场馆情况、场馆预约等功能，解决用户信息不对称的痛点，并通过引进社交关系链，如好友查看、男女比例等，进一步提升服务人性化。②信息反馈。用户的运动数据将分为两份传输——平台备份与自身查看，信息反馈板块在数据基础上对用户此次运动过程的心率起伏、热量消耗等生理变化分段解析，运动结束后的复盘有利于用户提前规划再次参与的运动负荷、时间与补给。③运动处方。首次授权和数据自动上传后，智能系统即开启对一次或多次备份的个人运动数据处理工作，经过数据对用户画像，分析喜好、挖掘需求、归类属性，自动生成个性化的运动指导处方。④虚拟社区。运动伙伴匹配、运动成就分享、个人体验交流、健康知识科普、校园体育资讯发布、体育活动与竞赛等均是该板块的服务内容。在高校智慧体育服务体系建构之初，虚拟社区就以多样综合的服务内容被作为加速推动校园健康传播与健康促进工作开展的重要手段。

4. 管理模式智慧化

高校智慧体育服务体系的建成宣告传统的管理模式已被智慧化的管理模式所替换，主要表现在两方面的模式变更。第一，场馆管理。传统高校体育场馆由“一馆一人”或“一馆多人”负责运维，管理人员每天处于机械重复的工作流程中，应对并协调场馆各种突发状况，长久如此暴露出来的弊端便是运营成本过高和运营效率低下。智慧体育服务体系下的管理模式实现场馆全数字、无人化管理，在解决传统弊端的同时也让学生避免参与运动时需经历测温、登记、开灯甚至高峰期排队等烦琐流程。第二，数据管理。服务平台的数据管理库高效解决了需求端与供给端庞大多元的信息显示、存储、归类等问题，改变了传统管理模式中以人和物为中心的数据处理方式，多种信息技术协作下的服务平台可快速便捷、条理清晰地处理四板块的服务内容，后台管理人员仅需定期检查，即可确保系统正常运行。

三、智慧体育场馆用户体验与服务创新

（一）智慧体育场馆用户体验提升

1. 大数据分析与人工智能在提升用户体验中的应用

大数据分析能够促进智慧体育场馆在信息数据管理效率上的提高，结合对用户信息的分析，提供更加精准且智能化的服务，更加匹配用户的服务需求。例如，华为技术有限公司与国家体育总局通力合作，给用户提供

了多种智慧化方案，服务用户的入场、安防，并提供大屏导览。目前，非常火热的智能健身房则结合了人工智能技术，精准地为用户制订个性化的运动计划。公共服务平台“体育宁波”根据用户的运动数据，为用户推荐适合的体育活动，并提供线上预约和支付的渠道（见表 6-1）。

表 6-1 大数据分析与人工智能在智慧体育场馆中的应用案例

应用案例	技术类型	用户体验	运营效率
华为智慧体育场馆解决方案	大数据＋AI	提供便捷、丰富、安全、优质的场馆服务	降低了场馆的人力成本，提升了场馆的管理水平
智能健身房	大数据＋AI	提供个性化、实时的运动指导，增强用户的运动效果和提高用户的健康管理水平	降低了传统的健身教练成本，提高了用户的忠诚度和满意度
体育宁波	大数据＋AI	提供在线预订、自助购票、智能问询、智能推荐等服务	降低了场馆的运营成本，提高了场馆利用率

2. 客户体验与互动方式的创新

（1）互动体验的新模式

互动体验的新模式有很多，如线上预约和支付，用户可以直接利用在线预约功能进行预约，节省了现场买票的时间，同时为场馆节省了票务员及现场管理人员的薪酬费用。还有采用物联网来控制场馆中的智能化设施，实时检测和控制场馆的能耗效率，避免能耗资源的浪费。用虚拟现实技术能够打造更加真实的运动场景，让用户感受到绘声绘色的全生命周期过程，数据化的运动指导能够让用户更加清晰地感受到自身在运动指数方面的变化，从而结合自身健康水平调整运动作息。提升互动体验的新模式，如开通线上预约和支付功能、引进智能化设施和设备、利用数字孪生技术打造虚实融合的沉浸式体验、进行数据化的运动指导和评估等。

（2）用户反馈与体验优化

智慧体育场馆利用人工智能和大数据技术，对收录的用户信息进行仔细分析，针对用户对过往观赛体验所作出的满意度评分，发掘出此次场馆开展体育活动时需要优化和调整的地方，从而不断提升用户体验。收集反馈信息的渠道主要包括微信小程序、手机 App 等，将收集的数据进行量化，结合人工智能就能得到优化建议以及找出纰漏。

(二) 我国智慧体育场馆的创新发展路径

1. 数字化体验提升与隐私保护

(1) 提升数字化体验的策略

智慧体育场馆将采用 AR、VR 技术，打造一个沉浸式的观赛场景，同时配合实时互动的赛场氛围，能够将整个运动环境呈现到线上观众面前。赛事的结果及评分板、选手的历次赛事数据也会以数字化技术的形式投屏到观众面前，让观众身临其境地感受现场胜利后的欢悦感。

(2) 用户隐私保护与数据安全

智慧体育场馆在经营过程中，可能会接触到用户的隐私数据，这部分隐私数据非常重要，一旦泄露容易被不法分子所利用。因此，在结合数字化技术优化场馆体验的同时，智慧体育场馆要严格遵守《中华人民共和国网络安全法》和《中华人民共和国个人信息保护法》，采用合规性的技术进行数据的加密和保护，提升网络安全防护的等级水平。

2. 技术协同与行业合作

(1) 加强技术合作伙伴关系

技术合作伙伴在智慧体育场馆的发展中发挥着巨大作用，往往会涉及多方的资金及技术支持，其中 NBA 联盟与微软的合作、华为技术有限公司与国家体育总局体育信息中心的合作都给未来的智慧体育场馆提供了解决方案。

(2) 行业协同发展的路径

除与行业外的企业相互合作外，智慧体育场馆还包括行业内的技术性融合，其中以智慧体育场馆与医疗行业的深度融合最多，可利用医疗行业的检测技术来发现体育赛事中易出现的健康隐患，同时提供高质量的健康评估服务。

3. 前沿技术在服务质量与效率提高中的应用

(1) 先进技术的集成与应用

智慧体育场馆涉及的先进技术包括人工智能、5G 技术等，其中 5G 技术为 AR、VR 技术进行赋能，让不能到现场进行观看的线上观众也能感受到全景化的观赛体验，开创了全新的观赛模式。

(2) 服务质量与运营效率的提高

新技术的发展往往离不开前沿技术的发展。在新技术的加持下，体育场馆的服务质量达到前所未有的高度，5G 技术直接实现了场内无死角的通信，让线上观看体验变得更加顺畅，同时发掘出更多场馆内的感知体验技术。利用5G技术使得场馆内数据的处理更加高效，能够精准作出决策，从而大幅提高智慧体育场馆的服务质量和运营效率。

第四节 数字经济时代高校体育经济与管理专业人才培养

一、面向数智化的体育经济与管理专业人才培养

体育经济与管理专业是我国普通高等学校设置的本科专业，旨在培养掌握经济学、管理学、体育学等学科知识的高级管理人才。随着人们对体育事业的广泛关注与参与，体育经济与管理专业毕业生的就业前景广阔，在体育产业运营管理、体育俱乐部管理、体育品牌与市场营销、体育媒体与传播、体育旅游与休闲管理等领域发挥着重要作用。体育经济与管理人才培养对高校体育经济的发展、对体育产业的发展具有重要的意义。

随着以人工智能为主导的现代数字科技的深入发展，我国正迈向第四次工业革命引领社会发展的全新数智化时代，不仅推动了经济社会各领域的数字化升级，还重塑了高等教育形态。大数据、人工智能、区块链、5G等数智技术的不断发展，给体育事业的发展带来了新的变革，产生了新经济、新业态、新的融合产业，使数字体育活力不断增强，推动着体育产业向数智化方向跃进。大数据、人工智能等信息技术已经成为体育经济与管理专业人才知识架构和能力培养不可或缺的关键性内容。培养一批适应数智时代需求，应对数字经济和数字发展，具备数字素养、掌握数智技术的拔尖创新型体育经济与管理专业人才，已成为体育类高等院校的重要时代使命。

面向数智化的体育经济与管理专业人才培养的创新策略如下。

1. 优化面向数智化的体育经济与管理专业人才培养目标

培养目标作为人才培养的重要组成部分，是对培养对象的观点主张、规格要求具体方向的明确体现。培养目标的优化是面向数智时代体育经济管理专业人才培养改革的重要部分之一。基于OBE（成果导向教育）理念，面向数智化的体育经济与管理人才培养目标应该体现以下内容。

（1）适应数字经济发展要求，体现数智时代对人才知识与能力的要求，打破以往体育经济管理相对单一的知识能力要求。数智时代体育经济与管理专业人才需要具备计算机基础知识、数据分析知识、人工智能知识、程序设计知识、数学基础知识、商业知识、创意设计知识、社会科学

知识以及体育产业经济管理核心知识等。除具备数字治理、数据安全、数智预测决策能力外，学生还需要具备自主终身学习能力、创新思维、团队协作、跨学科思维等能力，以适应数智时代的发展和变化。培养目标要从学知识向强能力转变。

(2) 在识别数智时代体育经济与管理专业学生需要的知识、能力、情感素养基础上，人才培养目标不仅需要坚持以学生发展为中心，还需要体现数智技术的快适应能力与强迁移能力，以将数字化应用技术与业务模式融合，创造新的价值，具备突破认知边界的创变思维与创新恒常性。

(3) 面向企业需要，当前企业所需数字经济人才分为六大类，即数字战略管理人才、深度分析人才、产品研发人才、先进制造人才、数字化运营人才、数字营销人才。基于此，体育经济与管理专业人才培养目标，即培养面向数字化的交叉融合型人才。这类人才擅长将数字新技术应用到不同的业务场景，助力行业产业实现数字化转型。

2. 打造面向数智化的体育经济与管理课程体系

课程体系是人才培养中的核心要素，亦是达成人才培养目标的主要载体。课程体系的重构是新文科数智课程的落脚点。基于此，要打造面向数智化的体育经济与管理课程设计体系，设置“数智通识课程＋体育经济管理专业核心课程＋实训课程”三个层次的课程体系。其中，数智通识课程包括数据科学、计算机科学基本理论、R 语言建模、Python 网络数据抓取、机器学习等数智基础知识课程。重点培养面向数智时代体育经济与管理人才必备的信息与通信技术专业技能，以及人工智能大数据方面的知识与技能，教授体育数据收集、处理、分析及可视化技术，提升人才的数智科技素养。

高校要对原有的体育经济管理专业核心课程，如体育赛事管理与运营、体育场馆运营、体育市场营销、体育产业概论、体育消费者行为学等课程进行全面的数智升级改造，深度融入数智元素；在课程内容上，精练与时代接轨的核心知识点，将核心知识点与数智前沿发展趋势和现实进行对接；以体现数智技术给体育行业带来的新趋势，紧跟大型体育赛事、体育产业实践、竞技体育、虚拟体育赛事等；增加数智赋能体育产业发展的前沿知识，体现出数智技术给体育赛事、体育场馆等带来的新变化；特别是在原有课程中增加智慧化体育场馆、智慧体育公园、AI 技术在体育场馆中的应用、“5G＋AI”数字孪生场馆管理、5G 赛事转播、数字化背景下的体育赛事传播、虚拟运动赛事建设、区块链在体育赛事数据要素保护中的作用等学生需要重点掌握的知识，实现数智知识向体育经济管理专业知识的深度渗透。

此外，高校还要研制并开设数字体育经济、数字体育营销、数字金融前沿等体育经济与管理专业新核心课程。此类课程需要深度体现大数据分析、区块链、人工智能等技术在体育行业产业的应用，从研制的新课程中深度反映数智技术对体育产业新产品、新服务、新业态的支撑作用，教授数字营销策略、内容创作、社交媒体管理以及体育赛事的在线推广技巧。

实训课程要进一步打破学科壁垒，依据校内外数智实训基地，进行实务操作，侧重于使学生的知识向解决体育产业、体育行业实际工作问题的能力转化。本部分课程可由高校教师与体育企业、行业专家共同开发设计，让学生针对企业面临的现实问题提出解决方案，在实训中体会数智技术是如何改造体育产业的生产、运营、服务、营销方式、资产管理等环节的，是如何对产业链、商业模式进行重塑的。

3. 面向数智化的教学方式创新

（1）推动以智慧教学工具为媒介的教学模式改革，构建虚实互嵌的沉浸式教学体验。高校应利用3D技术、元宇宙技术等帮助学生实现沉浸体验、互动体验、深度参与、即时交互，实现教师与学生的智慧互联，使学生的学习更具有趣味性。

（2）创设VPC教学模式。高校应探索并实践VPC教学模式，即“价值引领（Value leading）＋问题导向（Problem oriented）＋案例教学（Case study）”，增加案例教学学时。教学资源是教学方法创新的基本保障，高校要研究、开发和汇聚高质量、多类型、体系化的优质体育经济与管理数字化教育教学资源，从而帮助学生实现学习的个性化。构建丰富的教学资源库，建立案例库，收集设计精巧、短小、真实的案例，特别是有区域特色的案例，运用案例教学提升学生的迁移能力。如介绍北京冬奥会网络安全防御案例，引导学生思考讨论如何将其迁移应用在更广泛的体育赛事保障中。

（3）运用主题研讨法进行场景化教学，如设计“北京地区特色体育赛事数智化应用的实践、问题、前瞻”“数字消费在北京市文体商旅场景中的应用、问题、前瞻”“巴黎奥运会数智新技术的应用”“杭州亚运会数智技术的应用”“成都大运会数智技术的应用”“数智技术如何赋能欧洲足球锦标赛”等主题。采用循序渐进、逐渐深化的解决问题思路，要求学生查阅资料，在课堂上进行分组汇报与互动研讨，课下进行分析总结，教师在其中进行引导。在学生自主查找资料的过程中，教师要注重培养学生学习的主动性，在研讨过程中注重培养学生的合作学习能力，在课下总结中注重培养学生的批判、反思能力。此外，高校还需要设计具有挑战性、高阶性、开放性、创见性的问题，以培养卓越的体育经济与管理专业经营人才。

4. 加强实习实践基地建设

高校需要全面整合企事业单位资源，与体育俱乐部、赛事组织方、体育文化公司、体育科技公司等单位建立紧密的长期合作关系，为学生提供实习和实训的机会，使学生全面了解数智时代新的工作场景变化，深入了解数字经济给体育产业、体育行业带来的变化，体现数智时代对体育产业11个子业态转型、升级、赋能、重塑的要求，为学生提供一个从理论到实践、从校园到职场的无缝过渡平台，使他们能够成为数智时代体育经济领域的佼佼者。

二、校企合作培养体育健身服务人才

随着我国社会经济的持续发展，人们的生活质量得到了极大提高，人们的健身意识也在日益加强。随着健身人员数量的增多，体育健身娱乐经营单位对体育健身服务人才的需求变得越来越高。一方面，培养体育健身服务人才是高校满足体育经济发展需求的必然选择；另一方面，健身服务及相关企业急需体育健身服务人才。在此背景下，健身企业与高校合作培养体育健身服务人才是高校体育教育发展与体育健身产业发展的双重选择，对体育经济发展具有重要意义。

对健身企业而言，与高校建立合作关系的主要原因就是，企业的持续发展迫切需要体育健身的专业人才。基于校企合作的体育健身服务人才培养模式在高校教育中的应用，不但能解决目前健身企业对专业人才的渴求，而且高校学生通过在健身企业的实习，也能在很大程度上提升工作经验及实践能力。针对目前健身企业对体育健身人才的迫切需要，高校的教学过程就要根据企业的需求进行设计，这样才能在培养出企业需求人才的同时，提高学生的实践能力。

基于校企合作的体育健身服务人才培养策略如下。

（1）明确校企合作人才培养模式的概念。校企合作人才培养模式作为高校教育改革发展中形成的一种新的特色人才培养模式，其主要指的是，高校与企业双方通过合作的形式，对人才进行培养，这样不仅可以满足企业对人才的需求，还能将学生培养成优秀的人才，而当学生毕业后，需要在指定的校企单位实习，这种教学模式也将在极大的程度上培养学生的实践能力。

（2）发挥高校与企业在校企合作中的作用。教育的重点在于：要求学生掌握扎实的基础理论，广泛的专业知识，学习、研究的方法。由此可见，学校注重理论知识。而企业培训的关键是：如何将理论转化为实践能力，如何将理论与解决实际工作中的问题相结合，培养和提高学生的专业素质。比较而言，企业更加注重能力。解决这一问题的最好办法是学校与企业合作培养人才，提高学生的综合素质，以适应社会竞争的需要。高校应指导学生提前做职业规划，尽早锁定职业目标，并积极储备相关知识，把握实际的机会；根据企业需求和学生未来职业需求设置课程，提高专业学业成绩，实现学校与企业的无缝对接。

（3）构建基于体育健身服务行业的课程体系。专业人才的培养在于教育，教育目标的实现在于课程体系的建设。课程体系的设计应基于学术专业教师、企业培训师、行业资深从业人员等共同研讨形成的意见，以健身指导为核心技能，在此基础上，每个职位的主要课程和扩展课程方向应该确定，达到培养学生实践能力的目的。根据健身行业所需人员岗位要求、技能要求，高校应确定相应的核心课程和补充课程、选修课和实训内容，同时制定相关课程考核标准，并组织编写教材。

（4）人才培养模式需要做到校企资源共享。对培养专业健身服务人员而言，其中最重要的设施莫过于先进的场地、设备等，这些设施不仅是人才培养中必不可少的基本条件，而且是培养体育健身服务人才不可或缺的。由于体育专业往往在高校被边缘化，所以，即便是专业体育院校其体育专业设施也只能做到配备田径、游泳、球类等竞技体育项目。由此可见，高校的健身场地严重缺乏先进设备，在这种环境下教学，不但不能满足学生实习实践的需要，而且不能提升学生的实践能力。再加上大部分高校教学只重视教师教学和科研能力的提高，不重视学生的实践能力，导致学生的实践能力严重不足。学生就业后常常因所学知识不对口而面临尴尬的局面。校企合作，资源共享可有效地解决这一系列问题，校企合作资源共享的实现，其带来的好处主要体现在以下几点：第一，校企可在极大程度上改善高校的办学条件，弥补高校硬件建设不足的问题。同时，通过校企培训实习，学生不仅可成为符合企业需求的体育健身人才，而且可利用在健身企业中的培训来提升自身的实践能力。第二，学生在健身企业的实习和顶岗实习将给企业带来新的生机与活力。其不仅有助于提高企业的知名度和影响力，而且可为企业的人才储备提供强有力的支撑。

三、体育经营管理复合人才培养

体育产业经营管理人才是指懂经济、善经管、会管理的复合型人才，不仅要求专业素养能力强，还需具有商业谈判、人际交流等能力。目前，我国体育产业经营管理人才来自不同渠道、不同背景。①体育系统内部人员，主要包括退役运动员、教练员以及其他行政部门人员，他们有的从事体育运动多年，体育经验较丰富但学历较低，缺乏相应的经济管理知识和意识。②经济管理类专业人员。这类人员系统掌握经济管理专业知识，但体育专业知识素养明显不足。③海外留学毕业生，这类人员学历水平相对较高但在体育专业层面知识储备、体育素养和意识不足，忽视了体育的特殊性，体育经营管理很难有实质性突破。④成功的商人。这类人员具有经济头脑，抓住了当前体育产业快速发展的大环境。他们虽然有丰富的经济管理背景，但对体育的含义及体育产业的属性认识不够，不能深刻把握体育产业总体发展方向。⑤体育院校毕业生。他们从事体育锻炼体育运动项目多年，理论知识丰富，专业知识牢固，但由于长期接受学校理论课程教育，社会经验少，缺乏实战演练，在体育管理工作中经验不足。可见，目前的体育经营管理人才或多或少都存在一些不足。随着我国体育市场逐渐完善成熟，对体育人才专业水平的需求也越来越高，体育经营管理人才向个性化、多元化、普及化发展，创新、创业的“双创”型复合人才应运而生。

“双创教育”，即创新教育和创业教育相结合，以此培养创新性的复合型人才。但现实情况表明，复合人才培养的师资、教材、机制仍然较缺乏。为此，高校要引入“双创教育”引领机制，促进教学创新，编制新教材，在创新中摸索新技能，从师资、经费、组织、基地、制度等方面入手，构建“双创教育”体育经营管理复合人才培养的保障体系，重点通过双师型教师培养、校企双导师制来强化双创教育师资队伍建设。

先来谈谈“双创教育”引领机制的新内涵。20 世纪末期，当国内大学开始大范围增设体育教育专业，西方等发达国家已经在素质教育和“双创教育”领域中领先，甚至开启了职业体育创新创业培训研究。

再来探究“双创教育”引领机制的可行性。首先有各类政策支持，国务院及教育部门出台了相关政策和优惠措施鼓励具有一定知识水平的高校创新创业。《关于发展众创空间推进大众创新创业的指导意见》中明确了在校毕业生创业的方向，进一步鼓励和开放创新创业的热潮。《关于深化高等学校创新创业教育改革的实施意见》的颁布，进一步推动了高等教育开展“双创教育”的步伐。再从国家“双创教育”的基本思路、主要政策、主要措施及其综合影响等方面来看，“双创教育”引领体育经营管理复合人才培育的社会条件也较为成熟。国家“双创教育”政策与措施目前集中体现在大学生学科竞赛、创新基地孵化以及创业优惠政策扶持等方面。

四、体育用品新零售模式人才培养

（一）体育用品新零售行业数字化转型现状

1. 新零售多场景发展，数字化助力行业突破发展瓶颈

从体育用品新零售企业转型部门的部署来看，体育用品新零售企业的营销数字化、供应链数字化和客户运营数字化是其优先考虑开展数字化转型的业务板块。此前体育用品传统零售业遵循“以产品为中心”的模式，在进入新零售时代后，转变为“以消费者为中心”进行商业布局。

2. 数字赋能提升体育用品产业链空间

从业务层面来看，在“以消费者为中心”的新型商业模式下，体育用品零售企业对于多元化、个性化、动态的消费者需求的数字化洞察能力、数字渠道的运营能力，以及围绕消费者需求变化进行的品类创新、品牌升级和产品研发能力，都将是推动体育用品企业数字化快速发展的关键因素。随着数字化在体育用品零售业的渗透率持续提升，体育用品企业把数字化转型的范畴从初期的技术层面提升到运营模式层面，甚至是组织架构和企业战略层面。尽管体育用品企业可以通过数字技术的相关服务快速地实现业务数字化，但是数字化不是简单地通过线上化运营提升业务数字化能力，而应该从自身战略、组织架构、人才等多方面出发，实现整体的数字化转型，并获得长效收益。从根本上说，人才是推动顶层策略制定、数字化转型和商业创新的第一要素。

（二）体育用品新零售行业数字人才面临的挑战

1. 新零售行业面临数字人才供不应求的问题

（1）数字转型的需求增加

第一，技术进步推动数字化转型。在过去的几年中，技术领域发生了快速的变革，包括电子商务、大数据分析、人工智能、虚拟现实等方面技术的进步不仅提供了新的商业机会，也要求企业积极使用这些新技术以保持竞争力。第二，数据驱动决策的需求。随着大数据的广泛应用，数据分

析师的需求日益增加。体育用品新零售企业需要分析大量的消费者数据、市场趋势和竞争情报，以作出更明智的业务决策。

（2）教育培训的相对滞后

数字领域的知识和技能通常需要受过专门培训或教育的人才才能掌握。然而，教育和培训体系滞后于市场需求，导致培养出的数字人才数量不足以满足行业的需求。首先，教育课程不适应快速发展的技术。教育体系通常需要时间来更新和改进课程，以适应时代的发展。这意味着教育机构的课程内容往往滞后于市场的需求，无法为学生提供实用的技能和知识。其次，缺乏特定行业的培训资源。体育用品新零售行业作为一个特定领域，其数字化转型需要特定领域的知识和技能。教育和培训机构未能拥有相关领域的专业知识和资源，无法提供精细化的培训

2. 兼具数字技术和体育技能的多元复合型新零售人才的短缺

（1）持续学习和发展导致培养多元型人才时间、成本高昂

第一，培养一名兼具数字技术和体育技能的人才需要覆盖多个领域的知识和技能。在企业通过数字化转型升级原有业务或开展新业务后，包括岗位职责、业务流程、绩效考核等原有的人力管理系统也需要进行重新调整，但这需要花费巨大的时间和人力成本，加大了企业管理的难度。第二，兼具数字技术和体育技能的培训通常需要较长的时间。培养一个员工从零开始掌握两个领域的知识和技能需要耐心和持续的努力，这意味着企业需要为员工提供长期的培训和发展计划，以致增加时间成本。

（2）无法适应快速变化的数字技术以及体育消费发展趋势

第一，无法准确预测快速变化的数字技术趋势。技术革新速度快导致数字技术领域经常涌现出新的工具、平台和应用程序。例如，电子商务平台、数据分析工具、虚拟现实技术等都在不断演进和升级，员工需要持续学习，才能跟上这些技术的发展，这需要额外的时间和培训资源。第二，变化多样的体育消费趋势。消费者需求的变化使得体育用品的需求和发展趋势也在不断变化。例如，健身潮流、特定体育项目的流行等都会影响到消费者的购买决策。面对不同梯队的体育用品，如何在同一市场层次中脱颖而出，抑或跨级别占领市场，这些都需要不断适应并创新。

3. 体育企业数字化人才标准不明晰

（1）体育用品企业缺乏数字化战略导向。在数字经济时代，数字化转型已经成为企业长期成功的关键因素之一。随着数字经济的崛起，虽然许多企业采取了一些数字化措施，但缺乏明确的数字化战略导向，使得企业

难以把数字化转型作为长期发展的核心战略。缺乏数字化战略导向意味着体育用品企业错失适应大环境下业务改造升级的机会。

(2) 数字化培养标准不一。培养标准需要考虑到不同领域的需求，这增加了制定标准的复杂性，传统的培训和教育模式无法满足这一需求。培养标准不明晰，企业难以确定员工需要掌握哪些技能和知识。再加上数字化领域具有跨学科性质，需要综合运用数字技术、数据分析、市场营销等方面的专业知识，对培养标准提出了更高要求。

综上所述，体育用品新零售行业面临数字人才供不应求、技术和行业经验兼具的复合型数字人才招聘难，以及企业人才数字化转型思路不清晰等问题。由于零售和消费品产业链条长，数字化转型场景差异大，产业链各环节数字人才需求各异，企校还需进一步明确产业链对应数字人才所需特质，从而有针对性地进行人才招聘和培养。

(三) 体育用品新零售模式下数字人才培养的路径探索

1. 建立以体育用品新零售模式发展为导向的企业新型人才培养模式

(1) 坚持以人为中心，围绕人进行人力资源活动。在新模式下，人力资源服务商的角色贯穿全程，企业只需要参与资源的支持和要求的提出，过程中进行适当的监督和把控就行，极大地节省了企业的精力、成本等各方面投入。这说明随着数字化转型的进程加快，企业降本增效的目标很大一部分是通过组织变革、人才使用来达到的。

(2) 不断完善企业组织架构。在数字化转型的热潮中，除借助外在组织资源强化人才的培养与引进外，企业也应逐步构建自身内在的人才造血功能及培育体系，加大外部吸收力度，完善人才使用制度并保护企业员工权益，增强劳动者的创新意愿。如此内外结合，使企业发展所需人才得到更充分的持续保障。

2. 通过产学研多元协同，推进实践平台建设

(1) 产学研深度融合，有计划地培养。产学研深度融合是新型人才培养模式的核心。政府、高校、企业、科研单位等各方需要密切合作，共同制定培养标准和课程体系，确保培养出符合市场需求的数字人才。这种深度融合可以使培养出的人才更具实践能力和市场竞争力。

(2) 以市场需求为导向，有目的地培养。新型人才培养模式的关键在于以市场需求为导向。通过与企业合作，高校可以更好地了解市场需求，及时调整培养计划，确保培养出的人才能够满足实际用人需求。根据体育

市场的人才需要，重点支持大数据、人工智能、智能制造等体育用品零售业数字化转型核心环节的人才培养，以校企合作等方式建立数字经济人才培育基地，从而促进产业数字化转型升级。

3. 不断完善政策支持体系

（1）知识产权保护政策。政府需进一步建立健全知识产权保护法律体系，强化知识产权保护。知识产权保护有助于吸引更多的数字科研人才投入体育用品零售行业数字化转型的研究和开发中。

（2）创新激励政策。通过科研项目资助、科研成果奖励等激发数字科研人才的积极性，鼓励其在数字化转型领域进行前沿研究。项目经费充足有助于数字科研人才更好地开展创新工作。

（3）技术转移与合作。通过鼓励数字科研人才与企业建立合作关系，促进技术有偿转移，有助于将研究成果迅速转化为实际应用，在为企业提供咨询和支持的同时，也激发了科研人员进一步研发的热情，促进了数字科研人才与产业界的更紧密合作。

参考文献

[1] 信伟．高校体育经济的发展研究［M］．北京：中国经济出版社，2022.

[2] 吕蕾．高校体育资源与体育产业融合的联动发展［M］．长春：吉林出版集团股份有限公司，2022.

[3] 吴广，冯强，冯聪．高校体育管理体制与教学改革研究［M］．北京：研究出版社，2020.

[4] 黄振鹏．高校智能化体育场馆建设与经营管理［M］．长春：吉林大学出版社，2020.

[5] 李志伟，沈伟斌，王艾莎．高校体育管理基本理论及体制构建研究［M］．北京：九州出版社，2017.

[6] 陈志伟，刘福温，史明．高校体育管理理论科学探析［M］．北京：九州出版社，2018.

[7] 高健，孙旭静．高校体育文化教育与运动研究［M］．北京：北京工业大学出版社，2021.

[8] 李万来．竞技体育技术创新管理［M］．北京：北京体育大学出版社，2009.

[9] 吴春霞．我国普通高校体育管理组织结构的研究［M］．北京：北京体育大学出版社，2010.

[10] 姜文晋，唐晶，李秀奇．创新教育背景下高校公共体育创新路径和科学管理研究［M］．北京：中国矿业大学出版社，2018.

[11] 代景丽，黄振鹏．高校智能化体育场馆建设与经营管理［M］．长春：吉林大学出版社，2020.

[12] 邹序桂．拓展体育经济视界实现教育资源共享——评《当代高校体育经济新视界》［J］．山西财经大学学报，2021，43（4）：130.

[13] 李胜红．数字经济时代体育产业数字化转型研究［J］．当代体育科技，2024，14（21）：86－89.

[14] 汪丽，李明骏，孙诗阳．基于校企合作的体育健身服务人才培养模式的探究［J］．文体用品与科技，2018（18）：198－199.

[15] 解晓龙，陈刚．体育经营管理复合人才培养探究［J］．科技创业月刊，2019，32（9）：134－136.

[16] 王凯．体育产业高质量发展的人才需求与高校“产业、专业、创业”融合培养路径研究［J］．南京体育学院学报，2020，19（6）：1－10，2.

[17] 陆晓雨，姚婉婉．面向数智时代的体育经济与管理人才培养改革研究［J］．当代体育科技，2024，14（18）：134－137.

[18] 何轩．数字经济对体育产业高质量发展的影响研究［D］．北京：北京化工大学，2024.

[19] 宋琳．数字经济赋能体育产业高质量发展：逻辑、机制与路径［J］．文体用品与科技，2024（15）：70－72.

[20] 史琳，何强．智慧体育产业定位论析［J］．冰雪体育创新研究，2022（2）：185－187.

[21] 李志远，段之洁．人工智能助推体育产业高质量发展的创新策略［J］．湖北体育科技，2023，42（8）：744－747，752.

[22] 何强．智慧体育产业发展的国际经验与本土策略［J］．北京体育大学学报，2023，46（8）：41－49.

[23] 王楠，曾鸿．科技赋能运动营养产业智慧化的社会价值、发展困境及实现路径研究［J］．吉林体育学院学报，2023，39（5）：19－24，32.

[24] 胡宇挺，田祖国．城市休闲体育产业智慧化发展的价值解析、现实困境与实践路径［J］．浙江体育科学，2023，45（6）：35－40.

[25] 丁向东．体育大数据与“双碳”目标：智慧体育产业的低碳发展模式与战略路径［J］．西北民族大学学报（自然科学版），2023，44（4）：32－38.

[26] 刘丽丽，郭井双，潘秀丽，等．数字经济时代下智慧体育场馆的体验与服务创新研究［J］．商展经济，2024（14）：11－15.

[27] 赵欣慧．数字化改革背景下高校智慧体育服务平台构建［J］．当代体育科技，2024，14（19）：47－50.

[28] 王磊，刘行．数字化转型视域下高校一体化服务构建研究［J/OL］．内蒙古民族大学学报（自然科学版），1－8［2024－08－26］．http：//kns. cnki. net/kcms/detail/15. 1220. N. 20240820. 1122. 006. html.

[29] 吴明浩，章杰，吴铖铖．体育产业数字化转型的时代要求、动力机制与实践路径［J］．黄山学院学报，2024，26（3）：81－85.

［30］郭子瑜，陈刚．数字化转型与体育企业高质量发展——基于新三板上市体育企业年报文本识别的经验证据［C］//中国体育科学学会．第十三届全国体育科学大会论文摘要集——专题报告（体育产业分会）会议论文集．武汉体育学院经济与管理学院；武汉体育学院体育战略与政策研究中心，2023：3.

［31］李晓鹏，徐成立，田静，等．创新·构建·拓展：我国高校体育竞赛创新发展的三维审视［J］．体育学研究，2024，38（2）：119－126.

［32］瞿迪．我国竞技体育与高校体育融合发展的若干问题研究［D］．北京：中国矿业大学，2020.

［33］钟秉枢，张建会，李海滨，等．新时代我国大学生体育竞赛体系的改革与创新［J］．北京体育大学学报，2022，45（7）：19－32.

［34］李晓鹏，李忠伟，郝家春，等．我国高校体育竞赛体系现实困境与优化策略［J］．体育文化导刊，2022（8）：1－7.

［35］万建红，聂芳芳．高校体育场馆管理模式研究［J］．当代体育科技，2022，12（11）：9－12.

［36］王和晖，韩宁．高校体育场馆资源服务全民健身管理模式探究［J］．文体用品与科技，2023，（20）：1－3.

［37］齐娇娇．市场经济背景下高校体育事业发展趋势分析［J］．营销界，2021（24）：30－31.

［38］刘明川．高校体育经济发展问题的思考［J］．现代营销（经营版），2021（1）：174－175.

［39］李乐．高校体育促进体育经济发展的对策研究［J］．营销界，2021（22）：12－13.

［40］闫鹏旗，张军．试论我国高校体育经济发展的制度分析与建议[J]．现代营销（下旬刊），2018（6）：252－253.

［41］解彪，赵志鹏，张鸿．高校智慧体育服务体系的价值蕴涵、基本原则与体系建构［J］．体育科技文献通报，2022，30（11）：133－137.

［42］董轩辰，张辉，唐奕森，等．数字化转型背景下我国体育用品新零售模式人才培养路径研究［J］．冰雪体育创新研究，2024，5（11）：52－54.

［43］王戳勋，于方方．数字时代背景下高校体育教育数字化的新场景、新空间与新动能［J］．哈尔滨体育学院学报，2024，42（1）：57－64.

［44］俞磊，俞莎莎．数字经济背景下智慧体育产业助推浙江经济一体化发展研究［J］．河北企业，2024（6）：22－25.

[45] 刘丽丽，郭井双，潘秀丽，等．数字经济时代下智慧体育场馆的体验与服务创新研究［J］．商展经济，2024，(14)：11－15.
[46] 王振远，衣刚．高校体育场馆资源服务全民健身管理模式探究[J]．文体用品与科技，2023 (6)：19－21.
[47] 王之旭．校园体育文化数字化建设研究：动因、机理、困境与实现路径［J］．体育视野，2024 (4)：25－27.
[48] 朱俐健．数字化经济时代高校体育管理的创新路径探究［J］．文体用品与科技，2024 (1)：181－183.
[49] 孟猛．中国高校体育产业化现状与调查研究［J］．当代体育科技，2016，6 (6)：121－122.
[50] 张晓莺，王日清．新时代智慧体育专业人才培养的信息技术路径探索［J］．文体用品与科技，2024 (6)：193－195.
[51] 高志同，陈家起．智慧体育发展需求下体育科技人才培养路径研究［J］．黑龙江科学，2021，12 (9)：8－11.
[52] 吴凤彬．智慧体育视角下高职院校体育产业应用型人才培养研究［J］．中国职业技术教育，2022 (5)：92－96.
[53] 吴明放．高校体育产业管理人才培养探究［J］．湖北开放职业学院学报，2022，35 (15)：56－58.
[54] 孙中祥，汪紫珩，陶玉流，等．新时代人才强国战略背景下体育产业创新创业人才培养研究［J］．西安体育学院学报，2022，39 (6)：593－600.
[55] 曹光．新时代背景下高校体育产业经营管理人才培养模式探究[J]．河南教育学院学报（自然科学版），2022，31 (4)：76－79.
[56] 孔凯，董欢．浅谈高校体育产业管理人才培养措施［J］．吉林省教育学院学报，2023，39 (8)：23－27.
[57] 刘巍，王菲．探析体育经济管理人才的培养［J］．体育世界（学术版），2017 (9)：61，75.
[58] 李刚．高校体育经济与管理专业国际化人才培养模式研究［J］．科技风，2022 (10)：37－39.
[59] 苗春竹，徐海心，荆立新，等．创新创业教育与高校体育经济与管理专业人才培养融合策略［J］．哈尔滨体育学院学报，2020，38 (5)：64－69.
[60] 杨文波，王庆然．“中国制造 2025”战略下高校体育产业人才培养策略研究［J］．吉林广播电视大学学报，2019 (11)：15－16.

[61] 张立国．高校体育健身市场开发的可行性与途径［J］．当代体育科技，2013，3（3）：78，80.
[62] 穆瑞玲．高校体育培训市场SWOT分析与营销策略探析［J］．体育世界（下旬刊），2013（11）：4-6.
[63] 邓光庆，张武生．咸阳高校体育健身与培训市场现状与发展策略［J］．新西部，2021（5）：116-117.
[64] 于辉．竞技体育背景下高校体育赛事创新发展研究［J］．广州体育学院学报，2020，40（6）：33-35，68.
[65] 侯雁春．竞技体育视角下高校体育赛事的创新发展研究［J］．当代体育科技，2021，11（27）：125-128.
[66] 王国平，陈炜．我国高校体育赛事市场推广对策研究［J］．文体用品与科技，2020（2）：17-18.
[67] 朱成．中国高校体育产业化现状与趋势［J］．当代体育科技，2019，9（33）：229-230.
[68] 杨万森．浅谈大型体育赛事风险管理［J］．冰雪体育创新研究，2020（24）：77-78.
[69] 李长华．新时代基于高校体育赛事资源配置的研究［J］．冰雪体育创新研究，2021（20）：179-180.
[70] 矫杰，杜放．我国高校体育赛事商业化运作的现实困惑与优化路径［J］．山东体育科技，2019，41（6）：18-22.
[71] 宁雷．我国高校体育赛事商业运作探究［J］．经济研究导刊，2021（22）：44-46.
[72] 查昱．我国校园体育赛事品牌的塑造与传播［D］．南昌：南昌大学，2020.
[73] 王迪．当前我国高校体育赛事品牌塑造的发展现状与机遇［J］．冰雪体育创新研究，2020（11）：99-100.
[74] 曹源．新时代背景下我国高校体育品牌赛事建设研究——以中国大学生足球联赛（CUFA）为例［D］．昆明：云南师范大学，2021.
[75] 姚康华．高校体育赛事品牌的塑造与发展路径研究［J］．文体用品与科技，2022（12）：28-30.
[76] 王静，李博．高校体育赛事品牌形象研究［J］．文体用品与科技，2023（18）：55-57.
[77] 赵育．郑州市高校体育赛事品牌建设研究［D］．郑州：郑州大学，2021.

[78] 王迪. 高校体育赛事品牌塑造优劣势分析 [J]. 烟台职业学院学报, 2020, 26 (3): 24-27.

[79] 李贺林. 大学生体育品牌赛事及其发展策略 [J]. 营销界, 2019 (46): 32-33.

[80] 方安. 高校体育赛事产业化发展刍议 [J]. 当代体育科技, 2018, 8 (27): 221-223.

[81] 王晓芳, 刘江宏. 高校体育俱乐部合法经营路径选择 [J]. 体育文化导刊, 2017 (12): 116-120.

[82] 王迪. 高校体育赛事品牌的塑造与发展路径研究 [D]. 济南: 山东大学, 2018.

[83] 李江宇. 贵阳市高校体育场馆市场化运营 SWOT 分析及对策研究 [D]. 昆明: 云南师范大学, 2017.

[84] 沈梦雪. 我国高校体育场馆市场化管理的分析研究 [J]. 价值工程, 2016, 35 (11): 201-202.

[85] 杨杨. 高校体育场馆开展经济有偿服务的几点思路 [J]. 经济研究导刊, 2018 (15): 193, 195.

[86] 张锐, 姚芳虹. 共享经济视角下高校体育场馆管理模式与社会功能探析 [J]. 文体用品与科技, 2019 (15): 29-31.

[87] 吕哲, 黄昌生. 共享经济时代下高校体育场馆社会化经营研究[J]. 内江科技, 2020, 41 (2): 77-78.

[88] 毕司铭. 共享经济视角下高校体育场馆管理模式与社会功能探析 [J]. 体育视野, 2020 (4): 54-55.

[89] 李瑞成. 高校体育场馆冬季管理促进龙江冰雪体育与经济发展——以哈尔滨商业大学体育经济与管理专业为例 [J]. 冰雪体育创新研究, 2021 (4): 19-20.

[90] 郑昕光. 基于"共享经济"的高校体育场馆资源的社会共享研究 [J]. 体育科技文献通报, 2021, 29 (6): 195-197.

[91] 翟会会. 共享经济时代下高校体育场馆社会化经营新探 [J]. 北京印刷学院学报, 2021, 29 (9): 33-35.

[92] 张琳. 高校体育场馆经济有偿服务策略研究 [J]. 经济研究导刊, 2017 (25): 192-193.

[93] 张湘元. 中国高校体育产业化现状与趋势 [J]. 文体用品与科技, 2024 (6): 90-92.

[94] 刘炜. 论高校体育产业经济的发展 [J]. 现代营销 (学苑版),

2010 (1): 89.
[95] 邢连军. 对开展我国高校体育经济的可行性分析 [J]. 商场现代化, 2007 (12): 235.
[96] 白雪梅. 新时期我国体育经济产业展望 [J]. 营销界, 2020 (39): 197-198.
[97] 李栋. 我国高校体育场馆众筹商业模式创新研究 [J]. 运动精品, 2021, 40 (11): 71-72, 75.
[98] 李扬, 董军, 李享. 试论我国高校体育经济发展的制度分析与建议 [J]. 营销界, 2021 (Suppl 7): 153-155.
[99] 周朋, 翁士洋, 么家源. 新时期高校体育产业协同发展的路径研究 [J]. 文体用品与科技, 2022 (10): 31-33.
[100] 郭晓敏. 论高校体育教育对体育产业经济的促进作用 [J]. 生产力研究, 2022 (7): 98-102.
[101] 刘雅楠. 高校体育促进体育经济发展的相关研究 [J]. 今日财富, 2022 (22): 145-147.
[102] 肖金堂. 新时代我国体育经济与管理专业人才培养模式研究[D]. 广州: 广州体育学院, 2022.
[103] 曹佩磊, 王雪. 体育经济与管理实践教学评价体系的构建——基于双创需求的研究背景 [J]. 山西财经大学学报, 2024, 46 (增刊1): 232-234.
[104] 刘雅巍. OBE 教育理念下的体育经济与管理专业人才培养策略 [J]. 吉林省教育学院学报, 2023, 39 (6): 57-61.
[105] 廖怡芳, 卓存杭. 以市场经济为导向促进高校体育产业的健康发展 [J]. 文体用品与科技, 2024 (2): 88-90.
[106] 朱俐健. 数字化经济时代高校体育管理的创新路径探究 [J]. 文体用品与科技, 2024 (1): 181-183.
[107] 朱成. 高校体育促进体育经济发展的路径分析 [J]. 文体用品与科技, 2023 (20): 112-114.
[108] 陆思农. "共享经济" 时代体育产业发展的思考 [J]. 国际公关, 2023 (18): 5-7.
[109] 苏思畅, 杨一书. 高校体育教育对体育产业经济的影响 [J]. 体育世界, 2023 (7): 43-45.
[110] 张旭. 关于我国高校体育产业化发展的问题探索 [J]. 运动, 2016 (17): 128-129.